HEYNE
BÜCHER

Fred L. Savage

Mit Polyarthritis und Arthrose leben

Schritt für Schritt neue Vitalität und Beweglichkeit

WILHELM HEYNE VERLAG
MÜNCHEN

HEYNE RATGEBER
08/5073

Umwelthinweis:
Dieses Buch wurde auf chlor- und säurefreiem Papier gedruckt.

Genehmigte Taschenbuchausgabe im Wilhelm Heyne Verlag
GmbH & Co. KG, München
Printed in Germany 1996
Umschlaggestaltung: Atelier Adolf Bachmann, Reischach
Umschlagillustration: Elmar Kohn, Landshut
Satz: ew print & medien service gmbh, Würzburg
Druck und Bindung: Ebner, Ulm
ISBN 3-453-10996-1

Inhalt

Hinweise des Autors

Dieses Buch ist ausschließlich zu Informationszwecken verfaßt worden – um nützliche Ratschläge an Betroffene weiterzugeben. Es soll in keiner Weise eine ärztliche Diagnose oder die Therapie eines Arztes, Physiotherapeuten oder Chiropraktikers ersetzen.

Die Informationen beruhen auf persönlichen Erfahrungen und sind weder wissenschaftlich erforscht noch klinisch erprobt worden. Ich bin kein Spezialist für Arthritis oder für Arthrose.

Das Buch beschreibt ganz einfach meine Erfahrungen und die von mir als zweckmäßig erkannten Maßnahmen, um die Schmerzen zu überwinden und wieder ein aktives Leben führen zu können.

Ich habe mich auch nicht mit der Arthritis-Gesellschaft meines Landes, einer Rheuma-Liga oder ähnlichen Organisationen oder Interessenvertretungen abgestimmt.

Jegliche Anwendung meiner auf den folgenden Seiten beschriebenen Methoden erfolgt nach eigenem Ermessen und auf Risiko meiner Leserinnen und Leser. Manchmal haben Ratschläge und Rezepte anderer Personen bei mir keine Wirkung gezeigt, und – umgekehrt – was ich an mir erfolgreich angewendet habe, mag wiederum für andere nicht zutreffen.

Ich empfehle Ihnen, auf jeden Fall zuerst Ihren Arzt zu konsultieren, und falls er sie nicht automatisch an eine Informationsstelle für Arthritis- und Arthrosepatienten verweist, fragen Sie ihn danach.

Meine Hoffnung, daß andere unter Polyarthritis und Arthrose Leidende ermutigt werden:

- ihren Lebensstil zu ändern,
- Rat bei Fachleuten zu suchen,
- diese Fachleute zu befragen,
- ihre eigenen Lösungen zur Behebung oder Erleichterung der Beschwerden zu entwickeln,
- verstehen zu lernen, wie man mit Polyarthritis und Arthrose leben kann.

Die folgenden Fachleute brachten mich – jeweils auf seine oder ihre Art und Weise – auf neue Ideen und Entspannungsmethoden, die mir alle halfen, meine Schmerzen und meine Steifheit zu lindern oder auszuschalten:

- mein Arzt,
- mehrere Physiotherapeuten,
- ein Naturheilarzt und Heilpraktiker,
- ein Chiropraktiker,
- eine anerkannte Trager®-Therapeutin
- und viele andere. Allen danke ich für ihre Hilfe.

Meine Frau Patricia, die mich aufforderte, ein Arthritis-Zentrum aufzusuchen, bevor es für eine wirkungsvolle Behandlung meiner Osteoarthritis zu spät gewesen wäre, danke ich aufrichtig für all ihr Verständnis in der Zeit meiner schlimmsten Schmerzen.

Danksagung

Für die Erlaubnis, ihre Warenzeichen und Handelsinformationen zu erwähnen oder Auszüge aus Büchern, Broschüren und Zeitschriften abzudrucken, möchte ich den nachfolgend genannten Firmen und Personen besonders danken.

Ich habe deren Material in dieses Buch miteinbezogen, weil ich meinen Leserinnen und Lesern zeigen möchte, was es alles an Informationen und Hilfen zur Linderung von Schmerzen und Steifheit bei Polyarthritis und Arthrose gibt.

Arthritis Foundation
Über die Beziehung zwischen Nahrungsmittelvergiftung und dem Auftreten von Arthritis wird in einem Zeitungsartikel aus Nevada im Jahr 1987 berichtet. Dieser Umstand wurde von Dr. McDuffie von der Arthritis Foundation bestätigt (siehe Seite 134 und 155).

Dr. med. W. Gifford-Jones
Sein Artikel »*Keeping the human body active reduces risk of osteoarthritis*« (Ein aktiver Körper vermindert die Gefahren der Osteoarthritis; *Globe and Mail,* 31. Januar 1989) ist mit seiner freundlichen Genehmigung auf Seite 140 ff. unter der Ziffer 4 vollständig abgedruckt.

McFarlane Laboratories Ltd., Neuseeland
Informationen zu »Seatone« aus dem Buch »*Relief from Ar-*

thritis« (Hilfe bei Arthritis) von J. E. CROFT finden Sie als Zusammenfassung unter Ziffer 5 auf Seite 143 ff.

Nike, Inc.
Auszüge aus dem Nike-Buch »*Walk On*« (Besser gehen) – eine Übersicht von Gehmethoden – finden sich auf Seite 61 f.; Abbildungen der Unterschiede zwischen Geh- und Laufschuhen sind auf Seite 50 wiedergegeben; Abbildungen von Geh- und Laufschuhen finden Sie unter den Ziffern 12 und 13 auf Seite 152 f.

Obus Forme Ltd.
Skizzen und Beschreibungen aus den Werbeunterlagen von Obus Forme Ltd., Illustrationen und Einzelheiten zu den orthopädischen Stützhilfen dieser Firma finden Sie auf Seite 65; zusätzliche Informationen sind unter Ziffer 6 auf Seite 145 ff. abgedruckt.

The Arthritis Society
Auf Auszüge aus *»Grim Statistics«, Arthritis News,* Sommer 1986, und aus den Bulletins der *Arthritis Society Information Series* wird im Text auf Seite 22 und unter der Ziffer 3 auf Seite 139 f. Bezug genommen.

The Orthotic Group Inc.
Auszüge aus den Werbeunterlagen der Orthotic Group enthalten Informationen zur falschen Fußmechanik und eine Beschreibung vom Arzt verschriebener Schuheinlagen. Sie finden sich unter Ziffer 7 auf Seite 147 f.

The Trager® Institute
Das Abdruckrecht für ein Zitat von Dr. MILTON TRAGER aus seiner *Trager®-Körperarbeit* und *Mentastics*^{sm} und Ausdrücke wie »feel right« (sich richtig anfühlen), »feel light« (sich leicht anfühlen) wurde uns von diesem Institut erteilt.

Dr. Tragers Zitat ist unter Ziffer 8 auf Seite 149 f. abgedruckt. *Trager®* und *Mentastics*^{sm} sind eingetragene Warenzeichen des Trager-Instituts. Ihre Nennung erfolgt hier mit Genehmigung von *The Trager Institute.*

Thomashilfen
Der Katalog der Firma Thomashilfen, Bremervörde, mit dem Titel *»Interessante Hilfen im Alltag«* bietet eine Fülle praktischer Hilfsmittel für Arthritis- und Arthrosepatienten[6] an*. Diese Hilfen – aufgeführt nach den Sachgruppen »Küche«, »Haushalt«, »Wohnen und Schlafen«, »Bad und Toilette«, »Freizeit und Beruf«, »Therapie und Training«, »Mobilität« – sind im Fachhandel in Deutschland, Österreich und der Schweiz erhältlich.

---

* Hochgestellte Anmerkungsziffern im Textteil des Buches beziehen sich auf diesen Anhang.

Vorwort

Wegen meiner zunehmenden Beschwerden wurden im Juli 1985 meine Hände und meine Hüften geröntgt, und auf der Grundlage dieser Röntgenaufnahmen diagnostizierte mein Arzt meine Erkrankung als *Polyathritis,* als an mehreren Stellen auftretende Gelenkentzündung. Im September wurden meine Knie und meine Schultern, mein Nacken und mein Rücken immer steifer und äußerst schmerzhaft bei jeder Bewegung, aber der Arzt röntgte nicht erneut, denn die Ursache für meine Beschwerden war ja bereits bekannt.

Ich schaute mich nach Lesestoff zu diesem Thema um. Es gab Bücher über *Arthritis,* eines über *rheumatoide Arthritis* mit dem Titel *»Arthritis and Exercise«*[1] (Arthritis und Übungen). Ich fand aber nichts, was mir bei meinem speziellen Problem bei *Polyarthritis, Osteoarthritis* (unter Einbeziehung von Knorpel und Knochen) oder *Arthrose* weiterhelfen konnte.

Nach den gängigen Nachschlagewerken ist *Arthritis* eine akute oder chronische Gelenkentzündung. Eine ähnliche Definition steht für *rheumatoide Arthritis.* Das Wort *Polyarthritis,* das allgemein für meinen Zustand verwendet wird, oder gar *Osteoarthritis* (sowie auch die Knochen angegriffen sind) ist kaum je aufgeführt.

Ich glaube, Arthrose ist der treffendere Begriff, um meinen Zustand zu beschreiben, in dem Gelenkentzündungen von sekundärer Bedeutung zu sein scheinen. Fachwörterbücher definieren Arthrose als einen *degenerativen Zustand* in einem Gelenk, entsprechend der geschädigten Knorpelmasse und den betroffenen Gelenkoberflächen.

Unabhängig davon, wie man nun welchen Krankheitszustand definiert und bezeichnet, zeigen Statistiken, daß Arthrose dreimal so stark verbreitet ist wie die entzündliche rheumatoide Arthritis, der anscheinend das Hauptinteresse der Fachleute gilt, wann immer über Gelenkleiden diskutiert wird. Nachdem ich verschiedene Unterlagen zu diesem Themenkreis gelesen hatte, fand ich heraus,

- daß Osteoarthritis manchmal als »degenerative Knochenkrankheit«[3] beschrieben wird,
- daß dies nicht eine Krankheit oder eine Knocheninfektion ist, sondern daß es ganz einfach Schmerzen sind, die auf »durch Abnutzung entstandene Entzündungen«[2] zurückgehen,
- daß der Zustand nicht umkehrbar sei und angeblich »kein wirkungsvolles Heilmittel existiere«[3].

Bis 1989 bin ich Hunderten von Menschen begegnet, die ihre Arthrose einer Überbeanspruchung, erblicher Veranlagung, Skiunfällen, Stürzen oder dem sogenannten Peitschenschlagsyndrom zuschrieben. Geschwächte Muskeln, beschädigte Bänder, Sehnen und Knorpel schienen die Ursachen ihrer Schmerzen und Beschwerden zu sein.

In einem kürzlich erschienenen Zeitungsartikel[4] wurde ein gewisser Dr. John Bland zitiert, der behauptet, daß innere Körperreaktionen Knorpelschäden verursachen können. Andererseits erhalte ich immer wieder unaufgefordert Post von Personen, die überzeugt sind, daß jede Form von »Arthritis« durch Krankheit, insbesondere durch Hefepilzinfektionen, verursacht werde.

Dr. Bland vertritt den Standpunkt, daß Arthrose umkehrbar sei, obwohl dies nicht zuletzt vom Zustand der Knorpel und der Gelenkoberflächen abhänge. Der Patient entwickelt Arthrose, wenn das Ausmaß der Knorpelschäden die Möglichkeit der Wiederherstellung übersteigt.

Es hätte mir einen wunderbaren Auftrieb gegeben, hätte

ich 1985 bereits Dr. Blands Erläuterungen *»Der Schlüssel zur Gelenkverjüngung«* gelesen. In meinem Buch können Sie nun einiges darüber lesen und erfahren, daß persönliche Aktivität mehr zählt als all die Pillen, die in der Vergangenheit oft und lang genug die einzige Behandlungsmethode waren, die verordnet wurde.

Mit Hilfe anderer fand ich während der vergangenen vier Jahre Wege, um meine Schmerzen zu lindern, meine Steifheit loszuwerden und wieder ein nützliches, angenehmes und aktives Leben führen zu können.

Ich erreichte dies durch körperliche und mentale Übungen, Gehmethoden, Körperhaltung, Körperbewegungen, Ernährung, Schuhe, orthopädische Sitz- und Rückenstützen, spezielle Stühle und Matratzen, Trager®-Körperarbeit und Mentastics^{sm} sowie anderes mehr, was ich in diesem Buch beschreiben werde.

Das war allerdings nicht leicht. Viele Empfehlungen und Ratschläge, vor allem medizinische oder in bezug auf Nahrungsmittelzusätze, sowie Übungen, Hilfsmittel und dergleichen funktionierten bei mir nicht. Es war oft frustrierend, und es gab Zeiten, in denen ich das Gefühl hatte, daß niemand mir helfen könnte.

Nach der Erstveröffentlichung dieses Buches, bei Vortragsveranstaltungen und Interviews bin ich Hunderten an Polyarthritis und Arthrose leidenden Menschen begegnet, und ich habe durch sie erfahren, daß sich viele von ihnen mit Problemen herumschlagen, die mit meinen durchaus vergleichbar waren und sind.

Die Einführung in die Trager®-Körperarbeit verschaffte mir den größten Fortschritt. Mit ihr lernte ich, daß die normale Bewegung eines Gelenks oder Muskels durch instinktive Reaktion des Körpers blockiert sein kann, um einen infolge einer alten Verletzung traumatisierten Bereich zu schonen und zu schützen. Meine Probleme zeigten sich auch als geistige Blockierungen, und ich lernte sie zu überwinden.

Ich fuhr fort, mir die charakteristischen Trager-Fragen zu stellen:

Fühlt es sich richtig an?
Fühlt es sich leichter an?

während ich Trager-Mentastics℠-Bewegungen ausübte, um meine Muskeln und Gelenke zu befreien.

Ich lerne noch immer. Jede Verbesserung führt zu weiteren Veränderungen, nichts bleibt gleich. Erst kürzlich entdeckte ich beispielsweise neue Hilfsmöglichkeiten mittels eines besonderen Schuhs, einer verbesserten Gehmethode und eines Diätzusatzes.

Seit 1985 lebte ich fast immer mit Schmerzen und Beschwerden. Doch letztlich entwickelte ich mich dank unbeirrbarer Arbeit an mir selbst von einem Krüppel zu einem Menschen, der wieder mit Freude gehen und ohne Schmerzen und Beschwerden leben kann. Dies zeigt sich auch in meinem Ausdruck, in meinem Verhalten, meiner Art zu gehen und anderem mehr.

Menschen, die unter Arthrose leiden, benötigen Ermutigung, Verständnis und Hilfe zu geistiger und körperlicher Entspannung. Weitere wichtige Lebenselixiere, die wir alle brauchen, sind Lachen und Humor.

Kürzlich hörte ich in einer Mittagssendung Margery Mann[19] zum Thema Humor sprechen. Margery ist Präsidentin und Gründerin der L. D. M. Consultants (*Laughter Does Matter* – Lachen spielt eine Rolle). Ich ging hinaus auf die Straße mit einem Lächeln und in gehobener Stimmung. Die Auswirkungen spiegelten sich ganz offenbar in meinem Gesicht, denn die Leute, die mir entgegenkamen, lächelten zurück. Ein phantastisches Gefühl! Norman Cousins schrieb in seinem Buch: *»Der Arzt in uns selbst – Die Geschichte einer erstaunlichen Heilung«* über den Wert des Lachens beim Besiegen seiner eigenen Form der Arthritis. *»Wer lacht, lebt länger – Von der Heilkraft des Humors«* ist der Titel eines nützlichen Buches von Dr. BRANKO BOKUN (Ariston Verlag, Genf/München 1988).

Jeder einzelne Mensch muß seine eigenen Methoden täglicher Selbsthilfe entwickeln. Ich bin der Meinung, daß sich niemand allein auf die Hilfe anderer verlassen sollte, um seinen Gesundheitszustand zu verbessern, und ich hoffe, daß dieses Buch vielen Menschen – Ihnen, meinen auch von Arthritis und Arthrose betroffenen Leidensgenossen –, Wege aufzeigt, sich selbst zu helfen.

Einführung

Die verschiedenen Formen und ursachenbedingten Unterscheidungen der Gelenkerkrankungen, von denen in diesem Buch immer wieder die Rede ist, lassen sich auch in den hierfür verwendeten Begriffen nicht immer klar voneinander abgrenzen. Das ist Ihnen sicherlich bereits aufgefallen.

Im Griechischen hieß *arthron* das Gelenk, *arthritis* folglich die Gelenkentzündung, und unser modernes Wort *Arthritis* bezeichnet nach wie vor in erster Linie die entzündlichen – akuten oder chronischen, spezifischen oder unspezifischen – Gelenkerkrankungen. Dazu gehört auch die *rheumatoide Arthritis,* die als primär chronische Polyarthritis bezeichnet wird.

Polyarthritis weist als Begriff darauf hin, daß die Gelenkentzündung gleichzeitig oder nacheinander in mehreren verschiedenen Gelenken auftritt.

Osteoarthritis ist eine Gelenkentzündung, bei der auch Knorpel und Knochen der Gelenke betroffen sind.

Die *Arthrose* ist im Gegensatz zur entzündlichen Arthritis eine vorwiegend degenerative Gelenkerkrankung, eine mit Abnutzungserscheinungen verbundene chronische, schmerzhafte und zunehmend funktionsbehindernde Gelenkveränderung. Die physiologische Abnutzung führt zur typischen Altersarthrose vor allem des Hüft- und Kniegelenks.

Sind mehrere Gelenke gleichzeitig betroffen, so spricht man auch von einer *Polyarthrosis*.

Dieses Buch nennt im Titel die beiden häufigsten Formen: die an mehreren Gelenken auftretende Gelenkentzündung

(Polyarthritis) und die bei weitem verbreitetste Erkrankung, nämlich die degenerative *Arthrose*.

Es läuft allemal darauf hinaus, daß Sie – wie ich – mit einem schmerzhaften und die Bewegungsfähigkeit drastisch einschränkenden Leiden leben müssen. Um dieses Leben nicht zur Qual werden zu lassen, sondern mit Lebensqualität auszustatten, habe ich in meinem Buch alle die praktischen Maßnahmen für Sie zusammengestellt, die ich selbst in meiner Situation als zweckmäßig empfunden und erprobt habe. Probieren Sie bitte selbst aus, was bei Ihnen »funktioniert« und was Ihnen hilft!

Arthritis und Arthrose sind zwei der Hauptursachen für allgemeinen Leistungsabfall:

- 16 Prozent aller Kanadier (und analog der Nordamerikaner generell wie auch der Europäer) leiden unter einer Form von Arthritis,
- 48,4 Prozent aller über Fünfundsechzigjährigen leiden in erster Linie unter Arthrose oder auch Osteoarthritis;
- die betroffenen Patienten verlieren das Vertrauen in ihren Arzt und dessen medikamentöse Behandlung,
- und Ärzte geben zu, daß es keine wirkungsvolle Behandlung gibt.

Nach: Grim Statistics, 1986 Arthritis News[3]

Auch Dr. B. E. KOEHLER von der Arthritis Society in British Columbia, Kanada, vermutet, daß etwa 12 Prozent der Bevölkerung unter Arthrose leiden. Für Nordamerika bedeutet dies, daß rund drei Millionen Kanadier und rund 30 Millionen Amerikaner davon betroffen sind. Dr. PATRICK ROONEY, Rheumatologe an der McMaster-Universität in Hamilton, Kanada, sagt, daß bei 80 Prozent aller über Fünfundfünfzigjährigen in Röntgenuntersuchungen Osteoarthritis- und Arthroseerscheinungen nachgewiesen wurden[4].

Was meine Beschwerden betrifft, so stellte ich im Laufe

des Jahres 1985 fest, daß eine wirkungsvolle Behandlung nicht nur aus einem Spaziergang zum Arzt, zur Apotheke oder zu einer Physiotherapiesitzung bestand.

Die beiden steroidfreien und entzündungshemmenden Medikamente, die mir verschrieben worden waren, blieben völlig wirkungslos. Sie befreiten mich nicht von meinen Schmerzen und von meiner Steifheit, doch ihre Nebenwirkungen waren schrecklich. Nach zehn Wochen weigerte ich mich, sie weiterhin einzunehmen, und bat um eine physiotherapeutische Behandlung.

Einen Monat später hatte ich im Victoria Arthritis Centre innerhalb von drei Wochen acht Übungs- und Physiotherapiesitzungen. Diese verbesserten meinen Zustand leicht, aber die Schmerzen und die Steifheit blieben.

Zweimal wurde mir 1985 gesagt, daß nichts weiteres für mich getan werden könne und daß ich lernen müsse, mit meinen Schmerzen zu leben. Nachdem ich jedoch auf eigene Faust zu experimentieren begonnen hatte, stellte ich fest, daß es sehr wohl möglich war, meine Beschwerden zu reduzieren.

Ich bin überzeugt davon, daß die wirklichen Fachleute in bezug auf arthritische Erkrankungen jene Menschen sind, die tatsächlich darunter leiden. Wir Betroffenen sind dazu gezwungen, uns um uns selbst zu kümmern. Es mutet seltsam an, daß ursprünglich wenig und oft gar kein Interesse an einer Verbesserung meines Zustands von professioneller Seite her bestand; doch jetzt sind – nach meinen selbst errungenen Erfolgen – wachsendes Interesse und ein gewisses Verständnis festzustellen.

Der Arzt Dr. W. Gifford-Jones[4] meint, der *Schlüssel zur Verjüngung der Gelenke* seien Ruhe, Übungen und Körperbelastung. In seinem Artikel rät er, sich von der Vorstellung zu trennen, daß geschädigte Knorpelmasse sich nicht selbst wiederherstelle. Vier Jahre zuvor kannte ich noch niemanden, der die Meinung vertrat, daß derart erkrankte Gelenke geheilt werden können.

Im Jahr 1989 entschied ich mich, einen zur Heilung der Gelenke empfohlenen Nahrungsmittelzusatz[5] aus Neuseeland auszuprobieren. Nachdem ich ihn sieben Monate lang eingenommen hatte, war ich beeindruckt von der verbesserten Bewegungsfreiheit meiner linken Hüfte.

Arthrose gibt es seit prähistorischen Zeiten. Sie wird verursacht durch Abnutzung, Überanstrengung, Verletzungen, Krankheiten und von unserer Körperchemie. Wenn wir lange genug leben, gibt es kaum eine Chance, ihr zu entrinnen. Lernen Sie *rechtzeitig*, mit ihr zu leben!

1
Mit Polyarthritis und Arthrose leben lernen

Meine Beschwerden machten sich 1984 erstmals bemerkbar, aber ich vermute, daß ich schon seit 1974 verschiedene warnende Anzeichen wie Muskelkrämpfe, Schmerzen und ähnliches unbeachtet gelassen hatte.

Zuerst verkrampfte sich gegen Ende 1984 meine linke Hüfte und schmerzte, wenn ich weiter als einen bis zwei Kilometer zügig lief.

Mitte 1985 mußte ich nach der gleichen Strecke eine Pause einlegen, um meine Schmerzen in den Beinen und Hüften zu lindern. Treppen hinauf- oder hinunterzusteigen, Auto zu fahren und im Bett zu liegen – das alles verursachte Schmerzen in meinen Hüften und Knien.

Im Jahre 1987 lief ich täglich mindestens zwei Kilometer, ich stieg Treppen hinauf und fuhr Auto, ohne jegliche Schmerzen. Ich begann, viele Aktivitäten wiederaufzunehmen. 1989 stellte ich fest, daß tägliche kurze Spaziergänge und ein aktiver Lebensstil für mich am besten waren.

Wir sollten uns daran erinnern, daß sich unser Körper ständig verändert und den wechselnden Bedingungen anpaßt.

Und so erhielt ich meine wichtigsten Informationen:

Juli 1985	*Arzt* ■ Untersuchung und Röntgen

	■ steroidfreie und entzündungshemmende Medikamente
	Resultat: ■ Diagnose von Polyarthritis ■ Überweisung an das Victoria Arthritis Centre
Oktober 1985	*Physiotherapeuten* (Victoria Arthritis Centre) ■ Therapie und Warmwassertraining ■ Beginn eines Übungsprogramms
	Resultat: ■ kaum spürbare Verminderung von Schmerzen und Steifheit ■ verbesserte Beweglichkeit
März 1986	*Naturheilarzt* ■ Ernährungsberatung, Diät, neue Übungen ■ kurze Perioden mit Nahrungsmittelzusätzen
	Resultat: ■ durch ausgewogene Ernährung wirkungsvollere Gewichtskontrolle, dadurch ■ Verminderung der Schmerzen
Oktober 1986	*Orthopädische Geräte* ■ Obus-Forme®-Sitz und Rückenstützen
	Resultat: ■ verminderte Hüftschmerzen beim Sitzen oder Autofahren
Januar 1987	*Chiropraktiker* ■ Erörterung der Körperhaltung, neue Übungen ■ Schuheinlagen[7] aufgrund von Fußabdrücken

Resultat:
- verminderte Hüftschmerzen beim Gehen oder Stehen

Mai 1987 *Sitzungen bei einer anerkannten Trager®-Therapeutin*
- Körperarbeit, mit sanftem Schütteln, Dehnen und rhythmischem Schaukeln
- Mentastics^{sm}-Bewegungen

Resultat:
- Entspannung der Muskeln
- verbesserter Muskeltonus
- Steigerung der Gelenkbeweglichkeit

April 1989 *Einnahme von »Seatone« (Produkt der McFarlane Laboratories)/»Muschelkraft«*
- gefriergetrocknete, homogenisierte Grünlippenmuschel aus Neuseeland/Muschelextrakt in Tablettenform (aus der neuseeländischen Muschel), bei uns im Reformhaus erhältlich, in Apotheken gibt es auch verschiedene Gelatine-Präparate

Resultat:
- starke Bewegungsverbesserung in der linken Hüfte
- neue Bewegungsfreiheit in allen Gelenken

Mai 1989 *Neuer Versuch zur Lösung meines Hüftproblems*[9]
- eigene Umerziehung zu neuen Gehmethoden

Resultat:
- verbesserte Körperhaltung
- bessere Gehmethoden

Da ich mich im Verlauf vieler Jahre nicht um meine körperlichen Bedürfnisse gekümmert hatte, war meine Arthrose gegen 1985 als Zustand höchst unangenehmer Schmerzen und Steifheit voll ausgeprägt.

Bislang hatte ich weder dem nötigen Bewegungsspielraum meiner Gelenke richtig Beachtung geschenkt, noch hatte ich eine genügend starke Beinmuskulatur entwickelt, um meine Knie und Hüften zu schützen. Ich hatte meine Art zu gehen, zu stehen und zu sitzen weder überprüft noch entsprechend korrigiert. Finger, Knie und Hüften waren durch körperliche Arbeit in Haus und Garten kontinuierlich überbeansprucht worden.

Sieben Voraussetzungen für mehr Wohlbefinden

Auf Grund meiner Erfahrungen seit 1985 glaube ich, daß man für ein angenehmeres Leben mit Polyarthritis und/oder Arthrose folgende Regeln und Maßnahmen beachten muß:

1. ein Übungsprogramm, Gehen, Bewegung im Freien
2. ausgewogene Ernährung, wirkungsvolle Nahrungsmittelzusätze
3. orthopädische Sitz- und Rückenstützen, Einlagen, harte Matratzen und Stühle
4. gute Körperhaltung und richtige Körperbewegungen
5. passende Bekleidung und geeignetes Schuhwerk
6. jeden Monat eine Trager®-Körperbehandlung und ein tägliches Mentastics℠-Bewegungsprogramm
7. ein Minimum an Überanstrengung, Streß und Ermüdung

2
Beschwerden und Schmerzen

Wie ich an Polyarthritis und Arthrose erkrankte

Im Jahr1985 traten die meisten Schmerzen im Bereich meiner linken Hüfte auf; von da aus strahlten sie seitlich hinunter in den Oberschenkel und ins Schienbein.

Bis zum Mai 1987 entstand der Schmerz oft in der großen Vertiefung der linken Hüfte. Wenn er auftrat, linderte ich den Schmerz mit Hilfe von Schuhen, Einlagen, Übungen und beim Gehen.

Die Bewegung, die man macht, wenn man lässig eine Dose auf dem Boden wegkickt, wie es Kinder tun, half mir, meine Hüftschmerzen zu lindern. Dann fand ich heraus, daß mir das Abstoßen mit meinen Zehen und ein leichtes Nachziehen der Zehen vor dem Auftreten mit der Ferse mein Gehen wesentlich erleichterte (siehe Seite 55).

Meine Finger schmerzten gelegentlich, doch dies konnte ich mit Übungen beheben. Knieschmerzen konnte ich vermeiden, indem ich die Beinmuskeln anspannte und dadurch die Erschütterung und die Belastung verminderte.

Rücken-, Nacken- und Schulterschmerzen linderte ich durch Trager®-Körperarbeit und Mentastics^{sm}-Bewegungen.

Allerdings verursachte ich mir selbst immer wieder Schmerzen durch:

1. übermäßiges Gehen oder Üben ohne Ruhepausen
2. das Tragen, Heben oder Stoßen von Gegenständen
3. zu langes Sitzen und Sitzen in zu weichen Sesseln

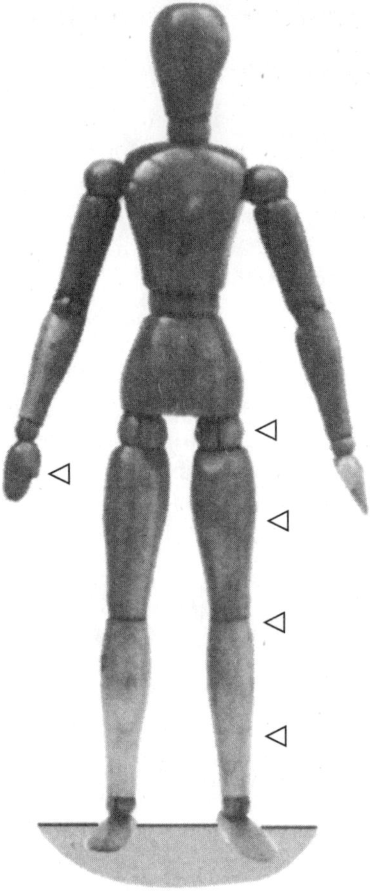

4. das Tragen ungeeigneter Kleidung und Schuhe
5. zu viele oder zu wenige Decken auf dem Bett
6. das Liegen auf einer zu weichen Matratze
7. falsche Ernährung

Die Linderung meiner Beschwerden und Schmerzen

Medikamente, auch Azetylsalizylsäure (beispielsweise »Aspirin«), verringerten meine Schmerzen nie. Hingegen mußte ich Entspannungs-, Dehnungs- und schmerzlindernde Bewegungsformen erlernen. Hier sind einige:

a) Steifheit und Hüftschmerzen

Mein bestes Rezept ist oft das Ausruhen auf einem harten Stuhl.

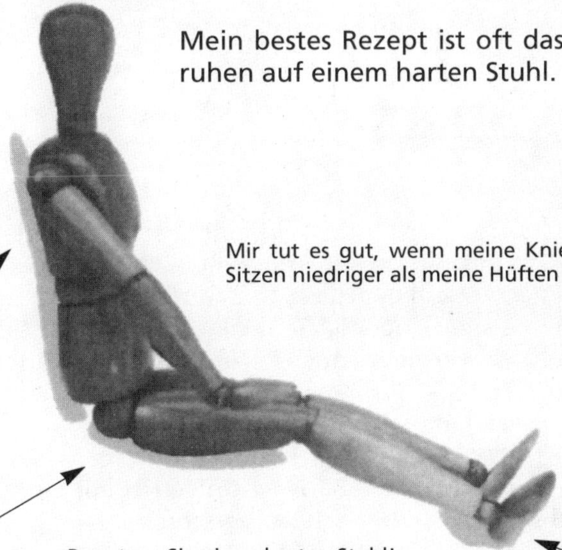

Mir tut es gut, wenn meine Knie beim Sitzen niedriger als meine Hüften sind.

Rücken-
stütze

Sitzstütze

Benutzen Sie einen harten Stuhl!

Fußstütze
nach Wunsch

Ein Physiotherapeut empfahl mir, täglich zehn Minuten bäuchlings auf dem Boden zu liegen. In dieser Stellung massiere ich mir des öfteren die Muskeln in der großen Vertiefung meiner Hüften.

Ich halte meine Arme dem Körper entlang und lege meinen Kopf seitwärts auf den Boden.

Manchmal ruhe ich mich in einem verstellbaren Sessel aus.

Der Rücken ist dabei durchgehend gestützt.

Das Massieren der Muskeln in einem schmerzenden Bereich hilft ebenfalls. An heißen Tagen erwärme ich zuweilen meine schmerzende linke Hüfte (das Auflegen einer Handfläche genügt meistens), oder ich lege einen kühlenden Gegenstand auf. Sowohl warme als auch kalte Umschläge helfen mir.

b) Schmerzen in den Beinen

Im Laufe des Jahres 1986 verschaffte ich mir Linderung der Beinschmerzen, indem ich an verschiedenen Stellen etwa zwanzig Sekunden lang massierte, und zwar:

- die große Vertiefung an der Hüfte des betroffenen Beines
- die Außenseite des Oberschenkels, wie hier gezeigt.

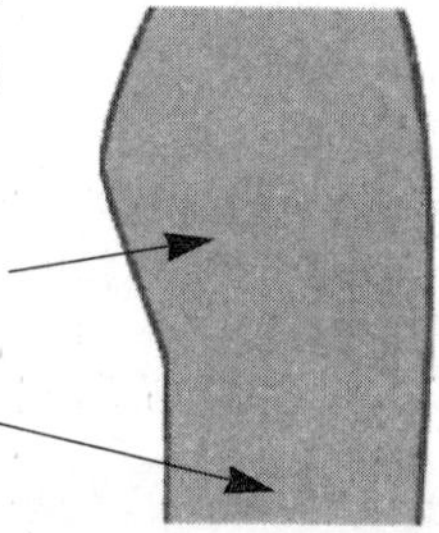

Dazwischen ruhte ich aus, entspannte meine Muskeln und wiederholte die Massage, wenn nötig.

c) Knieschmerzen

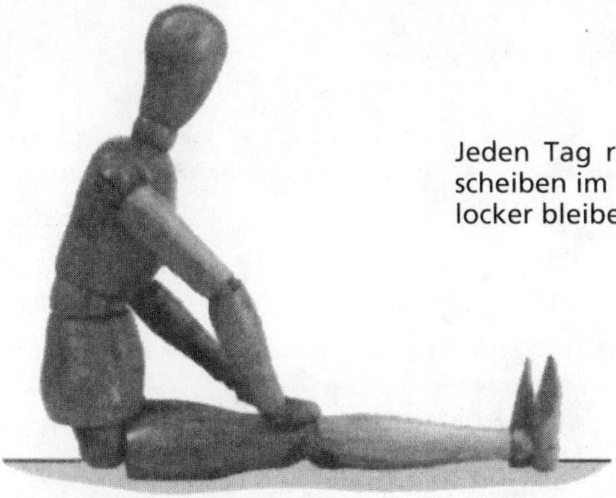

Jeden Tag rund zwanzigmal die Kniescheiben im Kreis massieren, das ließ sie locker bleiben.

Bei schmerzenden Knien legte ich mich auf den Rücken, die rechte Ferse auf einem Holzstück, das linke Bein entspannt am Boden ruhend, das rechte Bein ausgestreckt und mit Gewichtsmanschetten auf dem rechten Knie. In dieser Stellung zwei bis drei Minuten verharren, dann mit den Gewichten und der Holzunterlage auf das andere Bein wechseln.

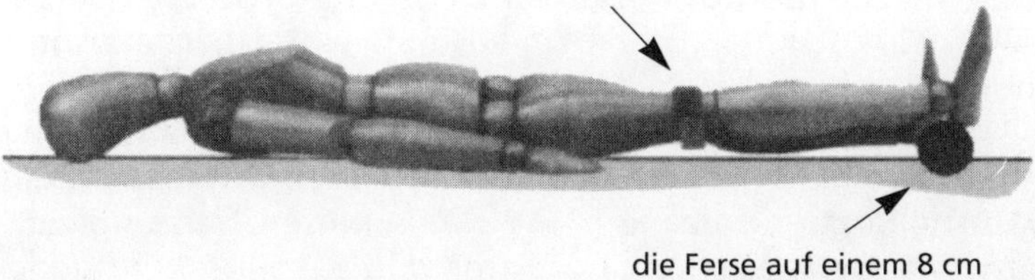

d) Kreuzschmerzen

Die physiotherapeutischen Behandlungen verursachten mir 1985 leichte Kreuzschmerzen. Die in der nächsten Abbildung gezeigte Stellung verschaffte mir rasche Linderung.

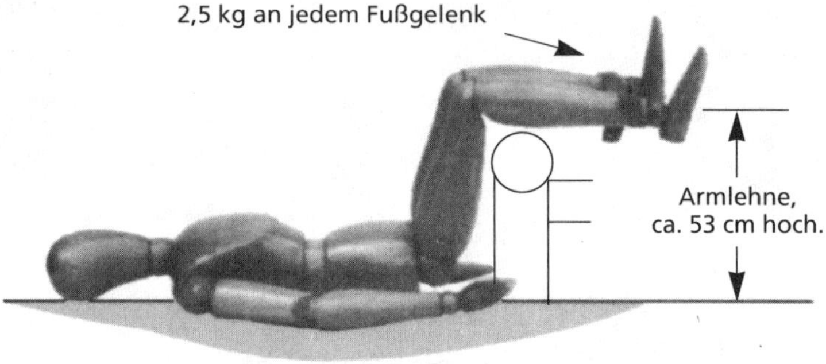

Ich lege meine Beine eine Minute lang über die Armlehne eines Sessels, ruhe mich aus und wiederhole es wenn nötig. Dabei trage ich Gewichtsmanschetten an den Fußgelenken.

e) Schmerzen in Händen und Fingern

Beim Schreinern, beim Unkrautjäten im Garten, beim Schaufeln und anderen Tätigkeiten muß ich mich gut beobachten, denn es kann sein, daß ich durch die Arbeit Schmerzen und Verspannungen in meiner Fingermuskulatur verursache. Daher versuche ich, das Heben schwerer Lasten zu vermeiden, trage Handschuhe, um meine Hände vor Überbeanspruchung zu schützen.

Tatsächlich hatte ich seit Anfang 1986 keinerlei Probleme mehr mit meinen Händen, nachdem mir Dr. Marquette, ein Naturheilarzt, die auf Seite 41 f. erwähnten Nahrungsmittelzusätze verschrieben und ich mit den auf Seite 122 ff. dargestellten Fingerübungen begonnen hatte.

Ruheperioden

Das Arthritis Centre betont die Notwendigkeit angemessener Ruhepausen.

Ich akzeptiere dies, weil Teile meines Körpers im Laufe der Jahre verletzt wurden. Zum Beispiel hatte ich vor Jahren meine linke Hüfte überanstrengt und geschädigt, so daß ich ihr jetzt regelmäßig Ruheperioden gönne und jede Gelegenheit wahrnehme, mich auszuruhen.

Es ist erstaunlich, wie rasch man sich erholt und sich erfrischt fühlt, wenn man rechtzeitig stoppt und nicht wartet, bis man nicht mehr kann. Zu den einfachen Aktivitäten, die dennoch anstrengen und ermüden, gehören:

- zu langes Gehen und Üben
- das Hinauf- und Hinuntersteigen von Treppen
- Sitzen oder Stehen
- das zu lange Ausharren in der gleichen Stellung
- oft wiederholte Bewegungen der Beine, Hände oder Arme

Man vergißt leicht, daß Ruheperioden ein wichtiger Bestandteil eines Lebens mit Polyarthritis oder Arthrose sind, vor allem, wenn man sich in eine Tätigkeit vertieft, die einem auf den ersten Blick körperlich nicht sonderlich anstrengend erscheint, zum Beispiel am Computer zu arbeiten und ähnliches.

Die Verbesserung meines allgemeinen Gesundheitszustands seit 1987 zeigte sich auch in einer verminderten Anfälligkeit für Erkältungen. Ich möchte dies den vermehrten Ruhepausen und auch meinem größeren Verständnis für die Ursachen geistiger und körperlicher Überanstrengung zuschreiben.

Aktivitäten, die ich wegen der Schmerzen vermeide

Schmerz kann die Lebenseinstellung wesentlich beeinträchtigen. Man muß sich eine Einstellung aneignen, die es nicht zuläßt, sich von irgend jemandem oder irgend etwas anderem unterdrücken zu lassen – *illegitimi non carborundium* –, gemäß einem Motto aus meinen Studienjahren als Ingenieur.

Seit Anfang 1987 hatten die täglichen Übungen meine körperliche Verfassung ganz eindeutig verbessert. Kräftigere Muskeln erlaubten es mir, leichte Tätigkeiten mit Vergnügen und ohne Schmerzen zu verrichten, was meiner psychischen Befindlichkeit ungeheueren Auftrieb gab. 1989, nach zwei Jahren Trager®-Körperarbeit und täglichen Mentastics^{sm}-Bewegungen, wurden meine Beine und Arme, mein Rücken und anderes spürbar geschmeidiger, und auch der Zustand sowie die Bewegungsfreiheit meiner Gelenke und Glieder verbesserten sich wesentlich.

Dennoch sind Sportarten wie beispielsweise Tennis offensichtlich für den Körper eine zu große Herausforderung; es gibt andere, sogar weniger anstrengende sportliche Aktivitäten, die ich einschränken mußte, und wieder andere, die ich nie wieder ausüben kann oder will. 1987 notierte ich folgendes:

- *Spazierengehen an einem schräg abfallenden Strand oder in hügeligem Gelände* – meine Knie und Hüften dulden nicht, daß ein Fuß tiefer als der andere aufgesetzt wird.
- *Radfahren* – dies ist nach wie vor zu anstrengend für meine Kniegelenke.
- *Jogging* – einige Versuche, schneller zu gehen, überzeugten mich, daß Jogging schmerzhaft ist. Trotzdem halten in meinem Alter Bewegungsübungen und kurze Spaziergänge meine Muskeln in einer besseren Verfassung.
- *Laufen* – ein bißchen ist gut, solange das Gelände nicht zu

steil ist und ich rückwärts hinauflaufen kann; dies begrenzt in den meisten Fällen das Laufen auf flachem Gelände mit planierten oder asphaltierten Wegen (siehe Seite 58).

Heute, 1989, kann ich gelegentlich radfahren. Ich bin jetzt auch widerstandsfähiger beim Gehen und Laufen in unebenem und hügeligem Gelände. Ich schaffe ohne Probleme leicht ansteigende und schräg abfallende Hügel. Die Verbesserung ist wirklich wunderbar, und je länger die Besserung anhält, desto erstaunter bin ich über das, was ich heutzutage alles tun kann.

Wenn eine Tätigkeit Schmerzen verursacht, höre ich auf damit und *gehe der Ursache der Schmerzen auf den Grund*, passe die Art und Weise, wie ich die Tätigkeit ausführe, den Umständen an oder verzichte umgehend darauf. Wenn Übungen Schmerzen verursachen, haben Sie etwas falsch gemacht – ich rate Ihnen, Ihren Arzt oder Therapeuten zu befragen!

Ultraschallbehandlung meiner Polyarthritis und Arthrose

Meine Erfahrungen mit Ultraschallbehandlung waren unterschiedlich. Nachdem ich mir 1987 zwei Rippen geprellt hatte, bin ich sicher, daß die Behandlung half, die Brustschmerzen zu lindern und den Heilprozeß zu beschleunigen. Doch als im April 1986 die Ultraschallbehandlung an meiner linken Hüfte angewandt wurde, verschlimmerten sich die Schmerzen in dieser Gegend, und es gab keinen Weg diesen beeinträchtigten Bereich zu beruhigen.

Die Behandlung entsprach nicht meinem Zustand, und sie wurde bei mir nie wieder an einem arthritischen Gelenk angewendet.

Dies war ein gutes Beispiel für mich, wie unterschiedlich der Körper reagieren kann. So ist auch verständlich, daß einige Menschen auf eine bestimmte Behandlung positiv ansprechen, die für andere völlig wirkungslos bleibt.

3
Die richtige Ernährung

Machen Sie sich nichts vor – was Sie jeweils gegessen haben, das entscheidet darüber, wie Sie sich fühlen. Im März 1986 empfahl mir der Naturheilarzt Dr. MARQUETTE, meine Ernährung umzustellen, den Anteil an Gemüse und Getreideprodukten zu erhöhen und mehr Fisch zu essen.

Das war ein vernünftiger Rat, und innerhalb der folgenden vier Jahre hat mein Körper positiv darauf reagiert. Einige Fachleute sagen zwar, daß ich nicht stichhaltig argumentiere, wenn ich eine Ernährung empfehle, die nicht auch der Gewichtsreduzierung dient. *Aber aus persönlicher Erfahrung weiß ich, daß eine ausgewogene Ernährung für eine bleibende Gesundheit ausschlaggebend ist.*

Diät allein ist kein Heilmittel gegen Polyarthritis, Osteoarthritis oder Arthrose. Dennoch sollte die Bedeutung einer Diät bei der Behandlung solcher Krankheiten nie unterschätzt werden.

Im Januar 1989 veröffentlichte Dr. med. W. GIFFORD-JONES einen Artikel[4] über die Bedeutung der Bewegung für Beschwerden bei Polyarthritis und Arthrose. Er verwies auf Dr. med. JOHN BLAND (Immunologische Abteilung der Universität von Vermont), der die Auffassung vertritt, daß durch Übungen Nährstoffe in die Gelenke gepumpt und damit die Mittel zur Wiederherstellung der Knorpelmasse bereitgestellt würden.

Es heißt, Osteoarthritis und Arthrose entstehen, wenn in einem oder mehreren Gelenken die Zerstörung der Knorpelmasse größer ist als deren Wiederherstellungsmöglichkeiten. Es gibt jedoch klinische Beweise dafür, daß frühzeitige Bewegungsübungen das Risiko vermindern, an Osteoarthritis zu erkranken. Unter diesen Umständen ist die Kombination der bestmöglichen Ernährung mit den richtigen Übungen äußerst wichtig, und man darf keines von beiden außer acht lassen.

Man kann es auch von einer anderen Seiten her betrachten. Ernähren Sie sich unklug und übermäßig, dann wird Ihr Übergewicht die bereits abgenutzten Knie und Hüften vollends überlasten. Polyarthritis oder Arthrose erschweren mir schon genug das Hinunterbeugen, das Anziehen von Strümpfen und Schuhen und das Schnüren. Ich möchte mich deshalb nicht wegen eines dicken Bauches noch zusätzlich überdehnen müssen.

In den Beratungsstunden und in ärztlichen Anweisungen des Arthritis Centre hieß es 1985, daß Schäden an Knorpel und Gelenken nicht rückgängig gemacht werden könnten. Die vergangenen vier Jahre mit Pflege, Diät und Bewegungsübungen sind für mich jedoch ein deutlicher Beweis dafür, daß der Körper weitaus positiver auf diese Maßnahmen reagiert, als es von den meisten Fachleuten vermutet wird, und sehr wohl imstande ist, Knorpeldefekte zu kompensieren.

Gewisse Nahrungsmittel verursachen Gelenk- und Muskelbeschwerden

Oft schob ich der Arthrose die Schuld zu, wenn die wahren Missetäter für einige meiner Beschwerden nichts weiter als bestimmte Speisen und Getränke waren. Ich verbinde alles Saure, das heißt Tomaten, trockenen Wein, Essiggurken, rotes Fleisch, Sauerkraut, Orangensaft, Essig und ähnliches mit erhöhten Beschwerden. Aufgrund des allgemeinen körperlichen Unbehagens als Folge einerseits und des Dickmacher-

Effekts andererseits versuche ich, in meiner Ernährung gewisse Speisen zu vermeiden. Dazu gehören:

- schwere Nachspeisen, Zucker
- Alkohol, insbesondere Wein, Bier und Spirituosen mit Zusätzen
- Kaffee und starker Tee, Schokolade
- starke Gewürze, Natriumglutamat, Kochsalz
- Nahrung mit geringem Nährwert und behandelte Nahrungsmittel

Das Wesentlichste einer Wochendiät

Dr. Marquette und andere empfahlen mir folgende Ernährungsrichtlinien:

- Getreide- und Vollkornprodukte, warm oder kalt
- Vollkornbrot
- wenig oder kein Zucker
- kleine Mengen entrahmter Milch, Hüttenkäse, Käse
- frisches Obst, gelegentlich Südfrüchte
- rohes und/oder gekochtes frisches Gemüse
- kleine Mengen verschiedener Nüsse, Rosinen
- möglichst wenig Butter, Margarine, Öl
- Fisch, Eier, kleine Mengen Geflügel, wenig oder kein rotes Fleisch
- viel frisches Wasser oder kochsalzarmes Mineralwasser, mindestens zwei Liter täglich

Wenn ich beim Essen einen Fehler begehe, dann weiß ich, warum Teile meines Körpers mehr schmerzen als sonst!

Eine ausgewogene Ernährung, verbunden mit entsprechender täglicher Bewegung und speziellen Übungen, lindert die Schmerzen und verbessert die Spannkraft der Muskeln und die Bewegungsfreiheit des Körpers.

Vitamine und Nahrungsmittelzusätze

Während des Jahres 1986 benötigte ich die Vitamine C, D, E und Niacin (Vitamin PP). Ich glaube, daß sie mir sehr guttaten, aber es gab Zeiten, in denen ich allergisch darauf reagierte. Ich hatte »vibrierende« Empfindungen und Hautausschläge, und deshalb entschied ich mich, sie nicht mehr einzunehmen.

Ich probierte auch die bei Arthritis empfohlenen Nahrungsmittelzusätze aus, aber über einen Zeitraum von drei Jahren konnte ich keine Wirkung feststellen. Andere Diätetika wie Lebertran, Orangensaft, Apfelsaft und ähnliches waren nutzlos.

Im April 1989 begann ich damit, täglich eine Dosis Vitamin C einzunehmen. Zur gleichen Zeit wurde mir *Seatone*[5], ein Produkt der McFarlane Laboratories in Neuseeland, empfohlen, um die Wiederherstellung der Knorpelmasse in den Gelenken zu unterstützen. Es handelt es sich um einen Extrakt, der aus der neuseeländischen Grünlippenmuschel hergestellt wird.

Im Laufe der Monate Juni und Juli bemerkte ich deutliche Anzeichen einer Besserung und eine gesteigerte Bewegungsfreiheit in meinen Gelenken, vor allem in meiner angeschlagenen linken Hüfte. Es scheint der erste Nahrungsmittelzusatz zu sein, der bei mir erkennbare Erfolge bewirkt. Ich verwende seitdem *Seatone* weiter und notiere meine Fortschritte.

Im April und Juni 1989 sprachen Dr. med. Z. Rona[10] und Dr. med. A. Hoffer[11] über die Auswirkungen von Ernährung, Vitaminen und Mineralstoffen auf die Behandlung von Krankheiten. Ihre Vorträge gaben mir persönlich wertvolle neue Impulse; aber ich rate Ihnen, Ihren Arzt oder Naturheilarzt zu fragen, welche die Ernährung steuernden Eingriffe für Sie am ehesten in Frage kommen.

Um die wertvollen Erkenntnisse der orthomolekularen

Wissenschaft in Ihre Ernährungsgestaltung und Selbstbehandlung einzubeziehen, sollten Sie das Werk von Dr. med. MICHAEL WIEDEMANN, *»Der Gesundheit auf der Spur – Die Mikro-Nährstoffe der Orthomolekularmedizin«* (Ariston Verlag, Genf/München 1989), studieren.

Im September 1985, nach zehn Wochen ärztlicher Behandlung mit steroidfreien und entzündungshemmenden Medikamenten, hatten der Schmerz und das Anschwellen meiner Hände nicht abgenommen. Im März 1986, nach sechs Wochen Behandlung mit einem von Dr. MARQUETTE empfohlenen Antioxidans und einem Nebennierenextrakt, ließ sich mein Ring, der während eines ganzen Jahres am kleinen Finger meiner rechten Hand festsaß, mühelos abstreifen. Zufall? Geschwollene Fingergelenke sind seither nicht mehr aufgetreten.

4
Zweckmäßige Kleidung

Um weniger Schmerzen zu haben, müssen Sie sich entweder besonders warm – oder aber auch kühl – halten. Früher war ich der Meinung, daß alle Menschen mit Arthritis sich immer warm halten sollten, je wärmer desto besser. Mittlerweile weiß ich, daß zu warm genauso schmerzhaft sein kann wie zu kalt. Es gibt klinische Beweise dafür, daß sich der menschliche Körper leichter an kaltes als an heißes Wetter anzupassen vermag.

Kleidung aus Wolle – schlimmer noch, wenn Polyester und ähnliches beteiligt ist – hat einen wärmenden Effekt und kann, wenn ein Raum oder das Wetter zu warm wird, körperliche Beschwerden verursachen. Die Empfindung ist ebenso unangenehm wie das Gefühl, es sei einem zu kalt; lediglich die normalerweise dann gleichzeitig auftretende Steifheit bleibt weg.

Um mich wechselnden Temperatur- und Witterungsbedingungen anpassen zu können, habe ich gelernt, leichte, warme Kleidung zu tragen, die ich mühelos aus- und auch wieder anziehen kann.

- Im Spätherbst, Winter und Vorfrühling trage ich normalerweise lange Unterwäsche, ziehe aber leichtere Bekleidungsstücke an, wenn die Temperatur ansteigt.
- Temperaturen über 32 Grad Celsius können Hüftschmerzen hervorrufen, und ich muß für eine Weile kalte Umschläge im Hüftbereich auflegen. An heißen Tagen trage ich lockere Kleidung, kurze Hosen und dergleichen, und suche mir einen kühlen Platz.

- Solange ich entsprechende Kleidung trage, sind Temperaturen bis 20 Grad Celsius *unter* Null bei Spaziergängen von einer halben Stunde kein Problem.
- Oft scheint mir, daß ein schwerer Mantel zuviel Schutz, Einengung und Belastung bringt; wenn ich Hände, Nacken und Kopf mit Handschuhen, Schal und Hut abwechselnd je nach Bedarf bedecke oder nicht bedecke, kann ich mein Wohlbefinden besser den Temperaturschwankungen anpassen.

Hier nun ein interessantes Experiment mit zwei Teppichstücken, die so zugeschnitten sind, daß sie in die Gesäßtaschen meiner Hosen passen, wie es in der nebenstehenden Abbildung gezeigt wird.

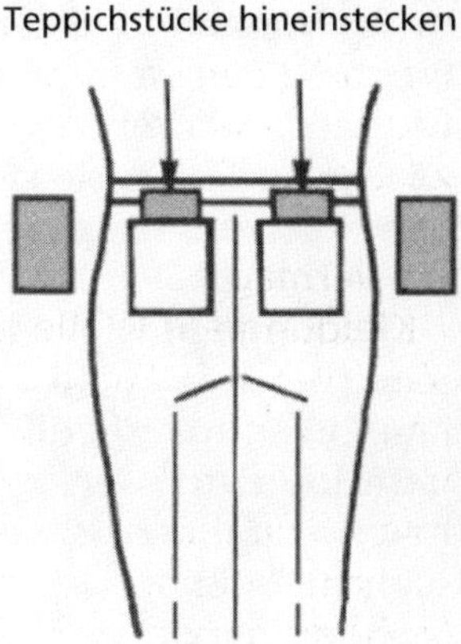

Diese Teppichstücke gewähren eine ausreichende Isolierung gegen Kälte und Wind, ohne andere Körperbereiche zu beeinträchtigen.

Sie zeigen auch, wie Hitze Beschwerden verursachen kann. Wenn ich die Teppichstücke bei einem Temperaturanstieg nicht entferne, beginnen meine Hüften zu schmerzen. Ich kann den Schmerz fast augenblicklich stoppen, indem ich diese Isolierung entferne.

Wenn ich in einem klimatisierten oder zugigen Raum sitze und die Temperatur unter 22 Grad Celsius liegt, fangen zuerst meine linke Hüfte und dann andere Gelenke an zu schmerzen. Als Mensch, der von Arthrose oder Polyarthritis betroffen ist, bin ich der Ansicht, daß die meisten modernen

Klimaanlagen in Gebäuden ebenso wie in Autos auf barbarische Weise die Temperatur weit unter das Niveau des Wohlbefindens kühlen.

Bettdecken und Matratzenüberzüge

Das Arthritis Centre empfiehlt leichte Bettdecken, und ich halte dies für einen äußerst guten Rat.

Aufgrund meiner Erfahrung sind zwei leichte, feingewobene Wärmedecken aus fünfzig Prozent Acryl und fünfzig Prozent Polyester ausgezeichnete Bettdecken. Sie lassen sich bei schwankenden Temperaturen schnell entfernen und wieder auflegen, sie können aber im Sommer zu warm werden.

Versäumen Sie es aber nicht, individuell für sich selbst auszuprobieren, inwieweit Sie mit leichten Decken aus Naturfasern (Wolle, Baumwolle, Rohseide) besser zu Rande kommen und ein ausgeglichenes Körperklima schaffen können.

Da ich aufpassen muß, daß meine linke Hüfte nicht der Kälte ausgesetzt ist, nehme ich oft eine Bettdecke in der vollen Länge und eine zweite, mit der ich mich nur bis zur Hüfte zudecke. Im Sommer benutze ich anstelle der Bettdecke ein Leintuch und bei Bedarf eine Bettdecke bis unter meine Hüfte.

Außerhalb der warmen Jahreszeit verwende ich normalerweise zwei Wärmedecken und einen Matratzenüberzug aus Schafwolle, wie es in der Abbildung auf Seite 47 dargestellt ist.

Der Matratzenüberzug aus Schafwolle isoliert mich gegen die Matratze und verhindert, daß diese meine wertvolle Körperwärme absorbiert. Dies ist vergleichbar mit dem alten Holzfällertrick, die Körperwärme beim Schlafen auf dem Waldboden durch untergelegte Decken zu bewahren. Aller-

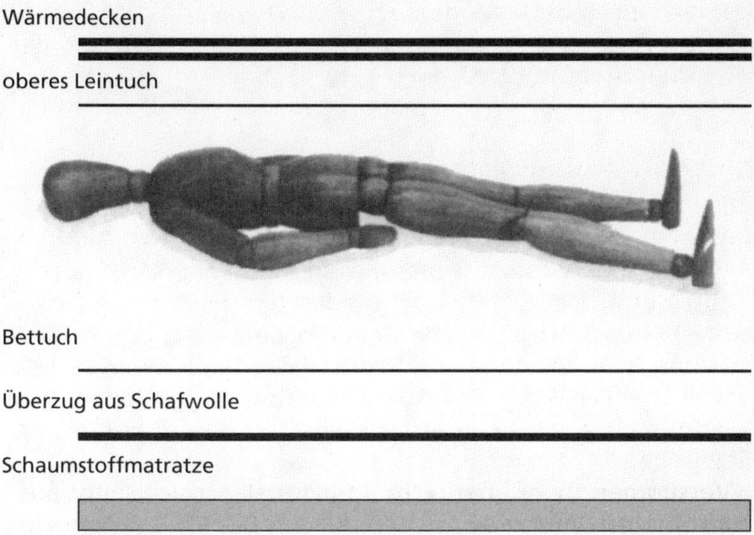

dings kann sich bei Schaumgummimatratzen dieser Überzug während heißen Wetters als unangenehm warm erweisen.

Wenn man beim Liegen auf einer harten Matratze Schmerzen in Gliedern und Gelenken hat, muß man dicken Bettdecken und einem wollenen Matratzenüberzug gegenüber mißtrauisch sein.

5
Auf Luft gehen

Setzen Sie grundsätzlich beim Gehen den Fuß sanft auf. Im Arthritis Centre lernte ich folgendes:

- Die innere Struktur der Beinknochen bei jungen Menschen ist in der Lage, ein Großteil der Stöße beim Aufsetzen der Ferse auf den Boden zu absorbieren, aber diese Fähigkeit geht beim Altern des Knochens stufenweise zurück.
- Kräftigere Beinmuskulatur ist erforderlich, um die Knie- und Hüftgelenke zu schützen, wenn die Beinknochen bei älteren Menschen die Stöße nicht mehr vollständig abfangen können.
- Wenn die Beinmuskulatur in einem schlechten Zustand ist, können die Knie- und Hüftgelenke überbeansprucht und zusätzlich geschädigt werden.
- Schuhe mit Sohlen, die die Tritte dämpfen, sind oft empfehlenswert.

Übungen zur Stärkung der Beinmuskulatur sind eine gute Methode, die Stöße beim Gehen unter Kontrolle zu halten. Aber das genügt nicht. Ich benötigte Luftpolster in den Absätzen meiner Schuhe, die in der Lage waren, die Tritte zu mildern, so daß meine Fersen sanfter auftraten, als es bei normalen Schuhen der Fall ist. Die nora®-Schockabsorber der Firma Freudenberg sind ein in den deutschsprachigen Ländern erhältliches gutes orthopädisches Produkt mit viskoelastischer Auftrittsdämpfung *(nora Supersorb, nora Orthsorb).*

Um den harten Aufprall der Fersen zu absorbieren, empfahlen mir Therapeuten des Victoria Arthritis Centre für meine Spaziergänge den Gebrauch von Joggingschuhen. Zu jener Zeit konnte ich keine passenden Laufschuhe finden, andere Modelle boten seitlich ungenügende Unterstützung.

Der moderne Joggingschuh

Der erste Joggingschuh, den ich probierte, war ein Nike *Air® Epic*, und ich glaubte, es sei auch der beste Laufschuh, den ich je besaß. Der dämpfende Effekt war wie Gehen auf Luft. Nie zuvor konnte ich mir das Laufen als eine vergnügliche Übung vorstellen, aber mit diesen Schuhen begann ich meine täglichen Spaziergänge. Mir wurde gesagt, wie wichtig Spazierengehen für meine Gesundheit sei, nun war es angenehm und machte Spaß.

Die Schuhe hatten die empfohlenen Merkmale wie breiter Absatz, festes Fersenstück, Senkfußeinlage, dämpfende Innensohle, stabile Bauweise, und sie ließen sich schnüren. Mein einziges Problem in den vergangenen vier Jahren bestand im ständig wechselnden Stil der Schuhe durch die Hersteller.

Das *Air-Epic*-Modell wurde vom *Air-Support*-Modell ersetzt. Fragen Sie einen Schuhverkäufer nach einem Nike-Air®-Schuh, und Sie werden überwältigt sein von der großen Auswahl. Es wäre großartig, wenn es dabei auch Schuhe in konventionellen Farben gäbe.

Welche Art von Schuh ist am besten?

Dies hängt in erster Linie von individuellen Vorlieben ab. Von 1985 bis 1988 trug ich Joggingschuhe. Sie entsprachen meinen Bedürfnissen, was normale Laufschuhe zu jener Zeit nicht taten. Soviel ich weiß, sind Jogging- und Laufschuhe für gesunde Körper gebaut – und nicht für solche wie den meinen mit seinen beschädigten Gelenken. So müssen wir alle experimentieren, um die Schuhe zu finden, die am besten unseren Bedürfnissen entsprechen.

Im März 1989 empfahlen mir Vertreter der Firma Nike, das Modell Nike Air® *Healthwalker Max®* (Gesundheitsschuh) auszuprobieren, und dieser erwies sich für mich als der beste Schuh. Dabei ist es wichtig, den Unterschied zwischen Jogging- (Lauf-) und Gehschuhen zu kennen. Das Nike-Buch »*Walk On*«[12] (»Besser gehen«) enthält ein informatives Kapitel über das jeweilige Design. Weitere Informationen finden sie unter Ziffer 13 auf Seite 153.

Mit freundlicher Genehmigung der Nike Inc.

Gehschuh Laufschuh

Der Gehschuh sollte Flexibilität aufweisen und dünnere Sohlen haben. Der Laufschuh sollte größere Stabilität aufweisen und dickere Sohlen haben. Die neue *Healthwalker-Max*-Methode, die Schuhe zu polstern, um das Aufsetzen des Fußes zu dämpfen, ist ideal für mich.

Bis zum September 1986 trug ich zu allen Anlässen Joggingschuhe. Als ich mich einmal entschloß, zu einem offiziellen Mittagessen normale Lederschuhe zu tragen, lähmte der Schmerz beinahe meine Beine. Glücklicherweise hatte ich meine Joggingschuhe mitgenommen und im Auto gelassen. So humpelte ich hinaus und wechselte die Schuhe. Inzwischen bin ich widerstandsfähiger geworden und wechsle regelmäßig zwischen den Gesundheitsschuhen und konventionellen Schuhen.

Neue Schwierigkeiten beim Gehen

Gegen Ende 1986 konnte ich meine linke Ferse nicht mehr richtig auf den Boden aufsetzen. Es fühlte sich an, als wäre das linke Bein kürzer als das rechte. Ich mußte die Dauer meiner Spaziergänge einschränken.

Dann besuchte ich eine Chiropraktikerin, und sie stellte eine »Pronation« fest, das heißt eine Senkfußstellung. Meine Fußknöchel hatten sich einwärtsgedreht und verursachten dadurch eine Verrenkung zwischen Beingelenken und Füßen. Meine Fußwölbungen waren in beide Richtungen flach.

Schuheinlagen[7]

Um den Senkfuß zu korrigieren, ließ Dr. Harwijne Gipsabdrücke meiner Füße machen, aufgrund derer biomechanische Einlagen hergestellt wurden, die meine Füße in der funktionell besten Stellung »festhalten« sollten. Meine Schwierigkeiten beim Gehen verschwanden, und ein Jahr später wurde in der linken Einlage ein Senkfußkeil hinzugefügt.

Das Problem meiner linken Hüfte

Seit 1985 hatte ich bemerkt, wie mein Körper sich ständig veränderte und immer auf Wandel ausgerichtet war. Nichts schien gleich zu bleiben.

Ich kann inzwischen sehr erfolgreich meine Schmerzen lindern oder gar ausschalten und meinen Körper geschmeidig halten. Das einzige Gelenk, das noch spürbar verbessert werden könnte, ist meine linke Hüfte. Im April 1989 entschied ich mich für zwei Neuerungen, um ihren Zustand zu beeinflussen:

- Erstens fühlte ich, daß ich die Einlagen nicht mehr brauchte. Ich las in meinem »*Walk On*«[12]-Buch, und sprach anschließend mit einem Sachverständigen über Bewegungsumschulung. Daraufhin änderte ich meine Körperhaltung beim Gehen und Stehen. Einige Wochen später benutzte ich schließlich keine Einlagen mehr.
- Zweitens begann ich erneut den Nahrungsmittelzusatz *Seatone*[5] (siehe Seite 143 ff.) einzunehmen, und nach etwa vier Monaten konnte ich die verbesserte Bewegungsfreiheit meiner linken Hüfte und anderer Gelenke deutlich spüren.

Ein Versuch, intelligent zu gehen

Auch hatte ich gelernt, daß ein gekipptes Becken, ein durchgebogener Rücken und ein hervorstehender Bauch Zeichen eines ernsthaften Muskelungleichgewichts sind. Auf der folgenden Seite nun eine Darstellung meiner neuen Körperhaltung beim Gehen:

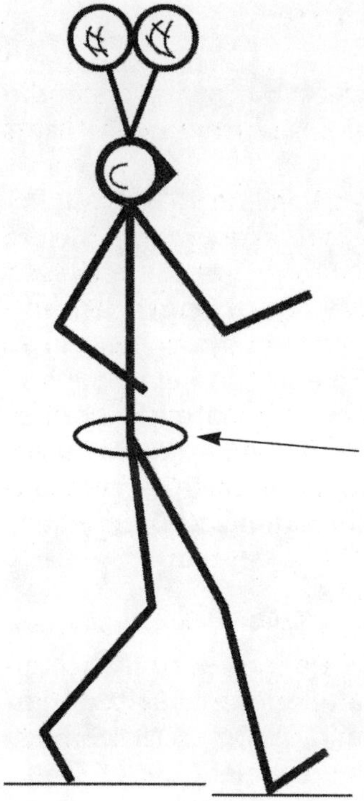

Imaginäre Luftballons heben mich sanft nach oben, um mich leichter zu machen!

Der Kopf ist erhoben, das Kinn leicht nach unten gerichtet.

Die Arme schwingen, die Beine holen zügig aus.

Das Becken bleibt waagerecht, parallel zum Boden.

Ein Fuß ist vollständig durchgebogen. Die Zehen muß man leicht nachziehen, wenn das Bein sich nach vorne bewegt.

Die Ferse im Winkel von 45 Grad aufsetzen. Der Knöchel soll festsitzen. Die Zehen abrollen, wenn sich der Fuß durchbiegt.

6
Ganz normales Gehen

Eine Zusammenfassung meines Gehprogramms

Die Resultate dieses zugegebenermaßen subjektiven Programms von April bis Oktober 1989 waren für mich sehr beeindruckend. Ich verbesserte weiterhin mein Wohlgefühl beim Gehen. Daß ich eine beschädigte linke Hüfte habe, die ich vor einer übermäßigen Gelenkbelastung schützen muß, hätte ich schon fast vergessen.

a) Der Schuh: Nike Air® Healthwalker Max®

Dieser vollbewegliche Gehschuh bietet eine den Tritt dämpfende Unterstützung und erlaubt mir, größeren Nutzen aus meiner verbesserten Art zu gehen zu erzielen. Dieser Schuh der Firma Nike wird international vertrieben und dürfte auch für Sie leicht erhältlich sein.

b) Verbesserte Haltung beim Gehen

Nachdem ich gut zehn Tage in der auf der vorigen Seite beschriebenen Art spazierengegangen bin, kam ich zu dem Schluß, daß ich die Einlagen nicht mehr länger benötigte – ich war aus ihnen herausgewachsen.

Sollten Sie sich für weitere Einzelheiten dieser Körperhaltung beim Gehen interessieren, nehmen Sie Kontakt mit einem Sachverständigen von Hellerwork auf. Ich weiß, daß ich von dieser Methode noch eine Menge lernen könnte und daß es noch andere Techniken gibt, die zu erforschen sich lohnen würden, vorausgesetzt man hat die nötige Zeit dafür.

Meine gegenwärtige Art zu gehen besteht aus dem vollständigen Durchbiegen beider Füße, dem Abstoßen mit den Zehen, wobei die Zehen beim Vorwärtsbewegen der Füße leicht nachgezogen werden, ohne allerdings den Boden zu berühren, dem Abwinkeln der Fersen in einem Winkel von 45 Grad vor dem Aufsetzen des Fußes und, mit festsitzendem Knöchel, dem Abrollen des Fußes nach vorne bis zu den Zehen.

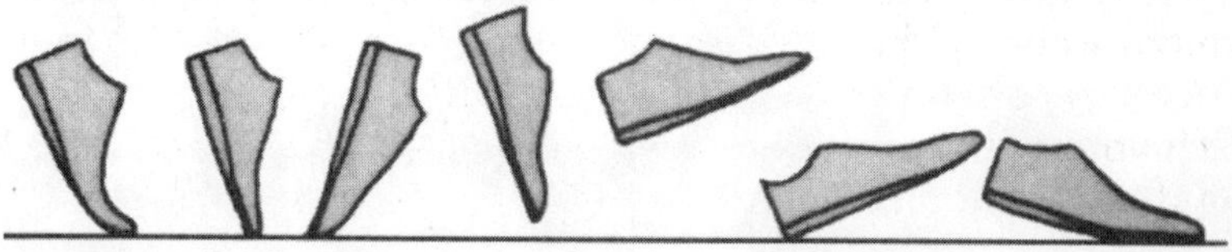

(Darstellung des Gehvorgangs eines Fußes)

Da das Becken waagrecht ist, erscheint mein Bauch flacher. Ich stelle mir das Becken als einen parallel zum Boden verlaufenden Ring vor. Die Knie sind leicht durchgebogen. Mein Kopf wird nach oben gezogen, in einer geraden Linie vom Gesäß aus. Ich übte dies im Zeitlupentempo, bis sich alles zu einem natürlichen Bewegungsablauf zusammenfügte.

c) Hilfe durch Seatone[5]-Diätzusatz

Nachdem ich im April 1989 mit der täglichen Einnahme von *Seatone*-Kapseln begonnen hatte, war ich in der Lage, ohne

Schwierigkeiten Hügel hinaufzulaufen und auf nicht asphaltiertem Gelände herumzuspazieren. Während der vergangenen sieben Monate, bis Oktober 1989, stellte meine Trager®-Therapeutin eine zunehmende Verbesserung meines Muskeltonus und der Bewegungsfreiheit meiner Beine fest. Auf das Produkt *Muschelkraft* aus Reformhäusern wurde bereits hingewiesen.

Lockern der Muskeln vor dem Spaziergang

Die nachfolgende Übung dehnt Knöchel, Waden und Beinmuskulatur.

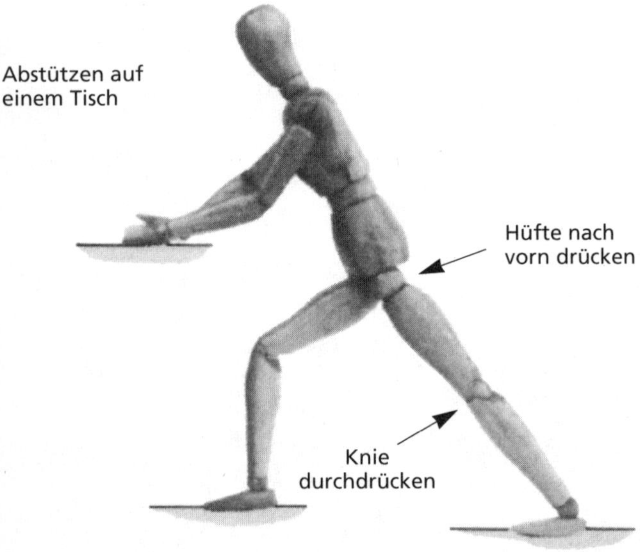

Füße gerade nebeneinanderstellen, dann den Fuß auf der Ferse nach links und nach rechts drehen, wie rechts gezeigt:

Die folgende Bewegung dehnt Hüften und Muskeln. In der Physiotherapie wird die Übung in schulterhohem warmem Wasser durchgeführt.

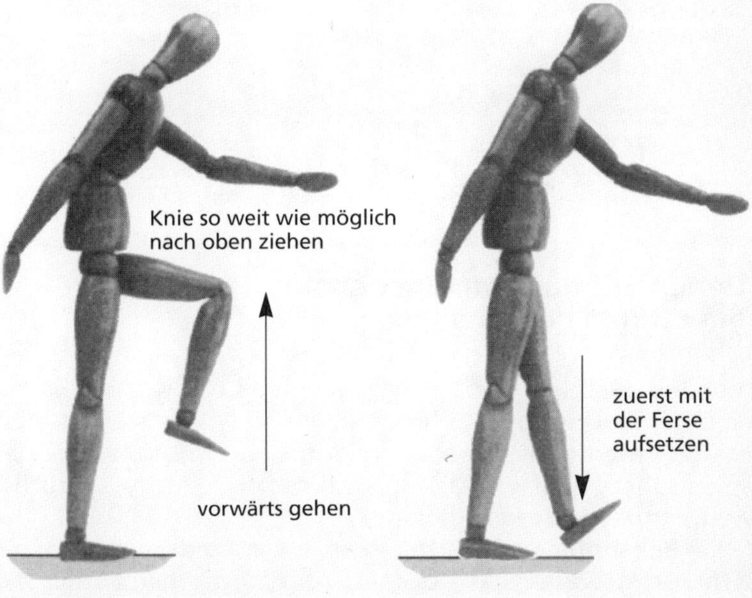

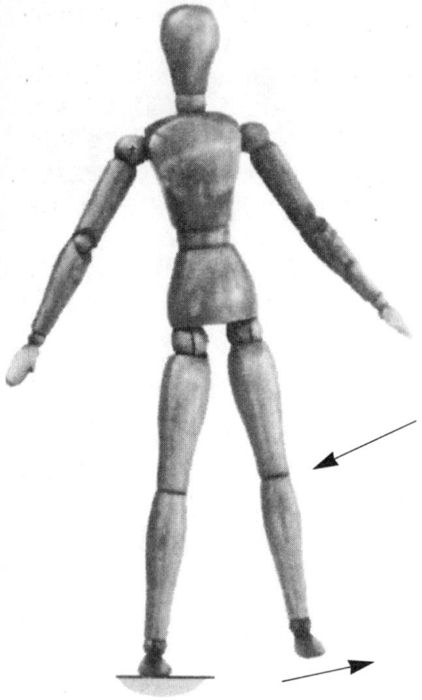

Gehen Sie seitwärts zwanzig Schritte nach links und dann nach rechts, lockern Sie dabei den Hüftbereich.

Bevor Sie das linke Bein seitwärts bewegen, drehen Sie den linken Fuß leicht, so daß sich zuerst die Ferse bewegt.

Tun Sie das gleiche mit dem rechten Bein, wenn Sie sich nach rechts bewegen.

Schwingen Sie die Beine seitlich nach außen.

Wenn der linke Fuß aufgesetzt wird, den rechten Fuß anheben und mit dem Seitwärtsgehen fortfahren.

Gehen auf flachem, unebenem oder hügeligem Gelände

Vor Juli 1989 lief ich die meisten Hügel rückwärts hinauf, und das mache ich noch heute so, wenn es sehr steil ist. Die Leute waren immer sehr neugierig und lachten, wenn sie mich sahen, aber es war für mich oft die einzige Möglichkeit, auf einen Berg zu gelangen.

Ein Bekannter erzählte mir, dies sei für ihn die einzig mögliche Art gewesen, ein Stück auf der Chinesischen Mauer zu

»gehen«, und ich bin anderen begegnet, die zugeben, ebenfalls rückwärts zu gehen.

Es kann gefährlich sein, rückwärts zu gehen, ohne sich sicher zu fühlen, wo man die Füße aufsetzt. So war es, nach monatelangem Gehen mit waagerecht gehaltenem Becken (siehe Abbildung auf Seite 53), eine Erleichterung festzustellen, daß ich nun wieder mühelos einen Hügel *vorwärts* hinaufgehen konnte.

Es ist nun einfacher geworden, auf unebenem Gelände zu gehen, da ich aufpasse und nicht zuviel von mir verlange.

Ruhepausen

Das Arthritis Centre betont, daß man sofort ruhen und jegliche Tätigkeit einstellen soll, sobald sich Beschwerden bemerkbar machen.

Ich schalte bei meinen Spaziergängen regelmäßige Pausen ein.

Sitzen ist dabei am besten, weil das Körpergewicht weder die Beinmuskulatur noch die Gelenke belastet.

Ich dehne meine Beine so, oder mit der Übung 24, Seite 118.

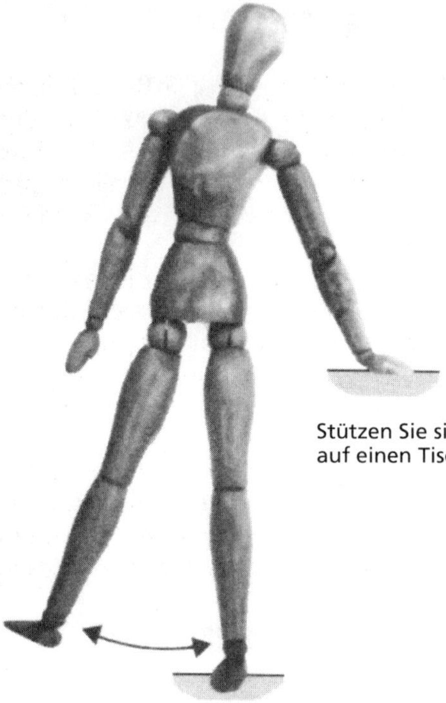

Stützen Sie sich auf einen Tisch.

Beine abwechselnd leicht zur Seite schwingen, um den Hüftbereich aufzulockern.

Auf die Ferse gestützt, beschreiben Sie mit einem Fuß einen Bogen, um die Spannung in den Beinen zu reduzieren. Wiederholen Sie dies auch mit dem anderen Fuß.

Allgemeines

Ganz im Gegensatz zu meiner Verfassung in den Jahren 1984 und 1985 ist das Spazierengehen für mich im Lauf der letzten Zeit wieder zum Vergnügen geworden. Ich rechne aber damit, daß ich noch weitere Fortschritte mache, mit Hilfe der Trager®-Körperarbeit, Hellerwork und informativen Büchern wie »*Walk On*«.

An einem idealen Tag – um die 22 Grad Celsius Außentemperatur und kein Wind – konnte ich bis zu drei Kilometer gehen. Dafür brauchte ich, inklusive drei Ruhepausen, fünfzig Minuten. Seit 1989 habe ich meine Gewohnheit geändert und unternehme jetzt öfter, aber dafür kürzere Spaziergänge.

An Tagen, an denen ich den Rasen mähen oder eine andere körperliche Tätigkeit ausüben muß, gehe ich nicht spazieren. Ich höre aufmerksam auf die Botschaften, die mir mein Körper sendet, um jegliche Überanstrengung zu vermeiden.

Das Nike-Buch »Walk On«[12] (»Besser gehen«)

In der Einführung dieses Buches wird betont, daß die darin enthaltenen Informationen »für gesunde Menschen« gedacht sind. Es ist mir nicht möglich, ein guter Läufer zu sein oder zu werden, ich muß ein langsameres, weniger anstrengendes Schrittempo einhalten, aber *ich will wissen, wie man richtig geht.* Mir wurde mit Hellerwork und den Empfehlungen in »*Walk On*« geholfen. Einige von ihnen will ich vorstellen:

- Das Becken wiegen, um das Gesäß zu festigen und den Unterleibsbereich zu stärken.
- Die Füße beim Gehen kreuzen, um meinen Hüften mehr Beweglichkeit zu verleihen.

- Auf der Außenseite der Füße gehen, um eine bessere Beziehung zwischen Fuß und Bein herzustellen.
- Kleine Schritte machen, um Füße und Knöchel zu lockern.
- Die Schultern rollen, um die Muskeln zu lockern.
- Über die Schultern nach hinten blicken, um die Rückenmuskulatur zu stärken.
- Und sogar: Schmerzen aus den Beinen herausatmen!

Im weiteren enthält das Buch Informationen wie: Beckenkipptest, Tabelle: Körpergröße/Körpergewicht, Puls nehmen, Selbstmassage, Pausen beim Gehen, tägliche Laufzyklen und vieles mehr.

Beckenkippen ist eine wichtige Übung (siehe Seite 53). Wenn Sie aufrichtig diesen Empfehlungen folgen, bin ich sicher, daß Sie herausfinden, wie Gehen zu einer natürlichen, angenehmen und gesunden Übung wird. Gemäß einem Artikel in der Zeitschrift *»Prevention«* kann diese sanfte Übung Ihnen helfen, der »Arthritis davonzulaufen« (*»Walk Away from Arthritis«)*. Wichtig ist, daß Sie wissen, wie man richtig gehen muß.

Gehen kann ein wichtiger Schlüssel zur Verjüngung der Gelenke vieler Betroffener sein. Trotzdem erreichen entsprechende Informationen und Instruktionen die einzelnen Menschen oft zu spät, und Polyarthritis oder Arthrose sind bereits zu schmerzvoll geworden, um »davonzulaufen«.

Da so viele Behandlungsmethoden für Polyarthritis und Arthrose anscheinend nicht funktionieren, frage ich mich, weshalb ein derart realistisches und bewährtes Rezept wie das richtige Gehen von den Ärzten, Behandlungszentren und anderen Spezialisten nicht empfohlen wird.

7
Stühle und Matratzen

Während sich einerseits mein Zustand durch Gehen und Üben verbesserte, konnte ich andererseits auf den meisten Stühlen nicht sitzen und auch nicht Auto fahren, ohne starke Schmerzen in meinem linken Bein und meiner linken Hüfte zu verspüren.

Im August 1986 wohnte ich einer kirchlichen Trauung bei und machte mir schon vorher Sorgen, wie ich während einer Stunde sitzen sollte, ohne die Möglichkeit zu haben, aufzustehen, mich zu strecken oder bewegen zu können.

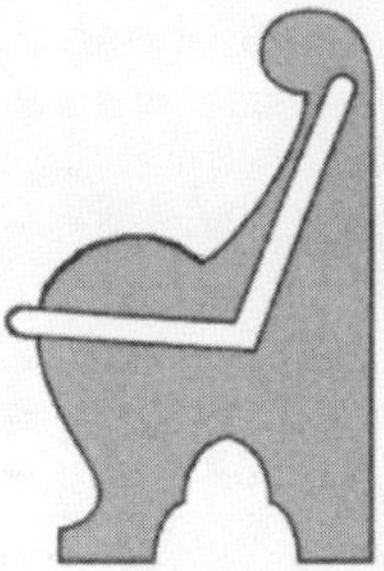

Als ich am Ende der Hochzeitszeremonie aufstand, war ich überrascht, keine Schmerzen oder Steifheit zu verspüren.

Ich schrieb das der harten hölzernen Kirchenbank[14] und dem dünnen Polster darauf zu.

Die Resultate von Experimenten mit Sperrholz und einem dünnen Kissen fielen so unterschiedlich aus, daß sicher nicht die Weichheit der Sitzfläche die einzige Ursache für Beschwerden war. Sitzschmerzen traten auf, wenn mein Gesäß in einem Auto-, Flugzeug-, Bus-, Theater- oder Kinositz und ähnlichem nach hinten durchhing. In einer solchen Stellung lagen meine Knie meistens höher als mein Gesäß.

Ein kleines Kissen, wie man sie in Flugzeugen findet, oder ein zusammengerollter Pullover verhindern dieses »Durchhängen« und auch den dadurch entstehenden Schmerz.

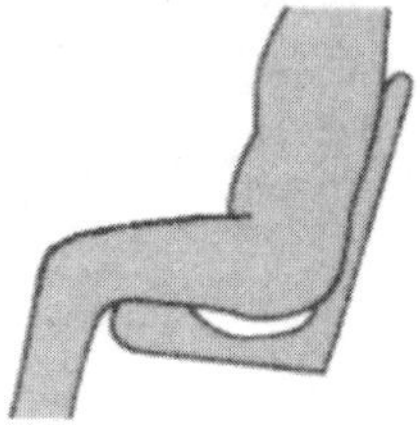

Weitere Versuche zeigten, daß die Neigung der Sitzfläche und der Winkel des Rückenteils für mein Wohlbefinden ausschlaggebend waren. Die folgenden Skizzen zeigen, wie gewisse Stuhlmodelle auf mich wirken, von angenehm (links) bis unangenehm (rechts):

Kirchenbank | »Schrägsitz« | Schaukelstuhl | »Autositz-Durchhänger«

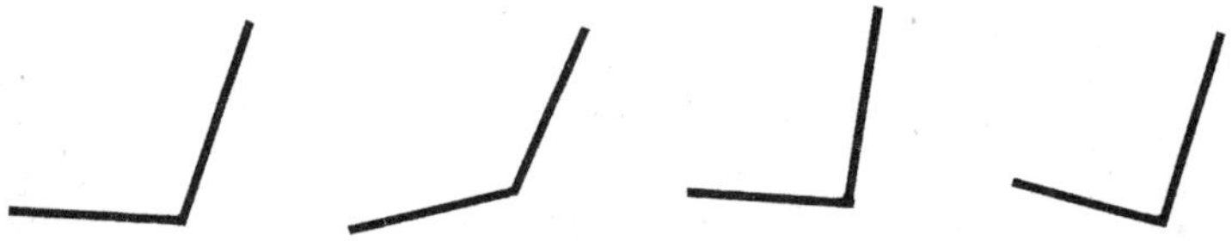

am besten | mäßig | schlecht | am schlimmsten

Richtig sitzen

Im Oktober 1986 entdeckte ich die orthopädischen Sitz- und Rückenstützen Obus Forme®[6].

Mit freundlicher Genehmigung
der Obus Forme Ltd.

Obus-Forme®-
Rückenstütze

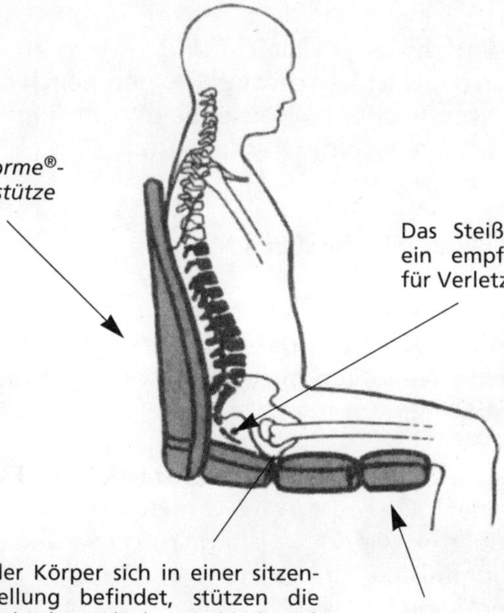

Das Steißbein (Coccyx) ist ein empfindlicher Bereich für Verletzungen.

Wenn der Körper sich in einer sitzenden Stellung befindet, stützen die »Sitzbeinhöcker« (Tuber ischiadicum) rund 75 Prozent des Körpergewichts.

Der Obus-Forme®-Sitz

- Der feste, biegsame und bequem geformte Gesäßrahmen aus Kunststoff schützt das Steißbein und hindert die Sitzhöcker vor dem Einsinken in den darunterliegenden gepolsterten Sitzteil.
- Ein Gesäßausschnitt und eine Sitzvertiefung reduzieren den Druck auf das Steißbein.
- Die gepolsterte Vorderseite vermindert den Druck unter den Oberschenkeln.
- Eine gewölbte Vertiefung unter jedem Oberschenkel überträgt das Gewicht.

- Ein in der Mitte eingesetzter Knauf unterstützt die richtige Beinhaltung und reduziert das Auftreten von Krämpfen in den Beinen.

Obus-Forme®-Stützhilfen sind leicht und einfach zu tragen. Wenn ich nur in die Nachbarschaft gehe, nehme ich den Sitz immer mit, verwende aber zu Hause, beim Autofahren oder auf Reisen zusätzlich auch die Rückenstütze.

Probleme mit weichen Stühlen

Oft fühlte ich mich wie eine gekrümmte Stecknadel, wenn ich mich von einem weichen oder tiefliegenden Stuhl erhob. Ich brauchte eine Weile, um mich zu strecken und aufrecht zu stehen, und meine Knie schmerzten währenddessen fürchterlich.

- All dies änderte sich mit dem Gebrauch des Obus-Forme®-Sitzes und einer kritischeren Auswahl der Stühle.
- Zu Hause ersetzten wir die weichen Sitzkissen durch festere Schaumgummisitze und zogen die Sprungfedern an. Wenn ich jemanden besuchte, mußte ich mir den härtesten, höchsten Stuhl aussuchen und den Obus-Forme®-Sitz verwenden. Oft fand ich Holzstühle am angenehmsten. Weitere Einzelheiten zum Thema Sitzen finden Sie auf Seite 76f.

Probleme mit weichen Matratzen

Leider hatte ich es versäumt, rechtzeitig an eine den Erfordernissen entsprechende Matratze zu denken. Nachdem ich schließlich von einer Federkernmatratze auf Sprungfederrahmen zu einer Schaumstoffmatratze auf Lattenrost wechselte, schlief ich ohne Schmerzen.

- Ein Viertel oder ein Drittel des Lebens verbringt man im Schlaf. Deshalb sollte eine Matratze wirklich von bester Qualität sein.
- Meine Schaumstoffmatratze verursacht mir niemals Beschwerden oder Steifheit. Ich benutze eine rund fünfzehn Zentimeter dicke, mittelharte Schaumgummimatratze auf einem Lattenrost. Der Schaumgummi gibt sämtlichen Körperbereichen einen festen Halt. Er atmet und bildet keinen Hitzestau, was ich zur Vermeidung von Schmerzen ebenfalls beachten muß.

Eine gute Matratze, egal aus welchem Material und unabhängig von ihrer Konstruktion, sollte fest sein und von unten wie auch seitlich unterstützen und Halt gewährleisten.

- Gleichmäßige Unterstützung von unten schützt druckempfindliche Stellen wie Schultern und Hüften.
- Seitliche Unterstützung reduziert sämtliche raschen und unregelmäßigen seitlichen Bewegungen.

Weiche Matratzen und einfache Sprungfedermatratzen in Hotels und Pensionen machen das Reisen für mich zu einem Wagnis. Ich habe Matratzen angetroffen, die nicht mehr waren als ein übergroßes Kissen. Andere wiederum fühlen sich hart an, fallen aber nach einigen Stunden in sich zusammen und und verursachen Hüftschmerzen. Zum Glück bin ich heute wiederstandsfähiger und solchen Situationen nicht völlig hilflos ausgeliefert.

- Ich legte mich (in einem teuren Hotelzimmer) auf die Obus-Forme®-Rückenstütze, um besser schlafen zu können. Die Stütze war für diesen Gebrauch zwar nicht vorgesehen, aber sie half mir vorübergehend. Ich legte in anderen Hotelzimmern auch schon mal die Matratze auf den Boden, oder ich schlief auf einem Sprungfederrahmen, nachdem ich Decken oder die Tagesdecke darüber ausgebreitet hatte.

- Solange eine Luftmatratze, mit einzelnen »Luftkammern«, nicht so stark aufgeblasen wird, so daß ihre Oberfläche ganz hart und unnachgiebig ist, läßt sie sich von meinem Körpergewicht zusammendrücken und verursacht Hüftschmerzen. Wasserbetten geben mir ebenfalls nicht die nötige Unterstützung.

8
Der richtige Umgang mit dem Körper

Auf Treppen und Rampen

In den ersten zwei Jahren, als meine Knie außerordentlich schmerzten, wurde mir empfohlen, beim Treppensteigen mit dem stärkeren Bein und jeweils nur eine Stufe hochzusteigen, um so das schwächere Bein zu schützen.

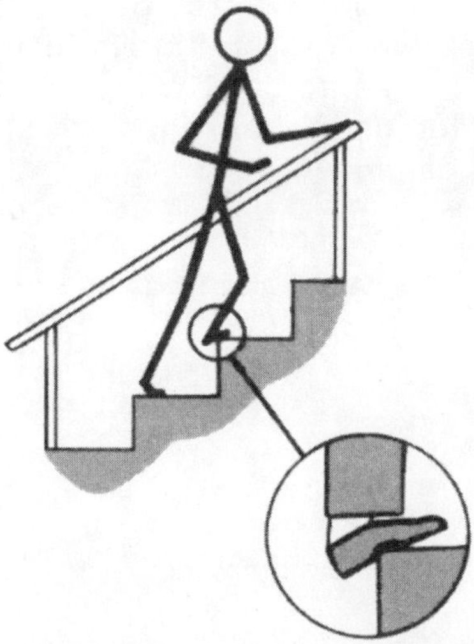

Ich glaube nicht, daß dies sehr klug war, denn die Muskeln meines schwächeren Beins entwickelten sich dementsprechend weniger.

In der Folge wurde die linke Oberschenkelmuskulatur schwächer als die rechte. Jetzt, nachdem ich normal die Treppe hinaufgehen kann, korrigiert sich dieses Ungleichgewicht von selbst.

Ich bemerkte auch, daß die das Körpergewicht stützenden Knie und Hüften weniger beansprucht werden, wenn die Mitte des Schuhs auf der Kante der Treppenstufe aufgesetzt wird, wie die nebenstehende Abbildung zeigt.

Um dabei nicht abzurutschen, ist bei dieser Form des Treppensteigens unbedingt das Geländer zu benutzen.

Beim Hinuntersteigen wurde mir auch empfohlen, das schwächere Knie zu schützen, indem ich das schwächere Bein leicht durchbog und dann das stärkere Bein danebenstellte, bevor ich den nächsten Schritt machte.

Aber ich entschied mich, beide Beine gleichmäßig zu gebrauchen.

Wenn immer möglich, vermeide ich Treppen und benutze Fahrstühle und Rolltreppen. Wenn ich eine Treppe hinaufsteigen muß, setze ich beide Beine gleichzeitig ein, gehe langsam und absichtlich auf der Kante der Treppenstufen und bemühe mich, mein Becken gerade zu halten. Ich bevorzuge weder das eine noch das andere Bein.

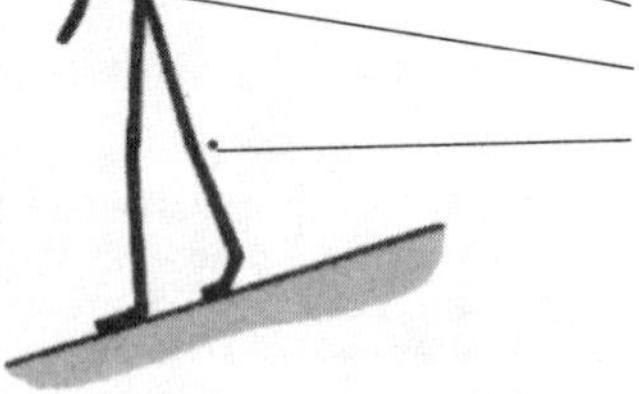

Es ist einfacher, eine Rampe rückwärts hinaufzugehen oder einen Einkaufsroller hinaufzuziehen. Passen Sie aber beim Aufsetzen der Füße auf! Halten Sie

- Ihren Kopf oben,
- Ihren Rücken gerade,
- Ihr Becken waagerecht,
- Ihre Knie leicht gebeugt.

Heben und Transportieren von Gegenständen

Die meisten Rückenprobleme werden verursacht, wenn Gewichte – wie rechts dargestellt – falsch gehoben werden!

Überbeanspruchung des Rückens

Die bewährte Methode, Gewichte zu heben, ist hier auf der linken Seite dargestellt. Ich wende sie allerdings nicht an, da sie meine Knie und Hüften überanstrengt. Das Heben von Gewichten muß immer beherrscht werden.

Die beste Methode, einen schweren Gegenstand zu heben, ist, jemand anderen bitten, es zu tun. Wenn ich nicht darum herumkomme, etwas hochzuheben, versuche ich alles, um die Last von meinen Gelenken fernzuhalten,

- indem ich einen Riemen oder eine Schnur um die Last binde;
- indem ich mich an einer Wand oder einem Türrahmen abstütze;
- indem ich meine Knie leicht durchbiege, mit gestrecktem Rücken und nur mit den Armen den Gegenstand nach oben hebe (Abbildungen siehe folgende Seiten).

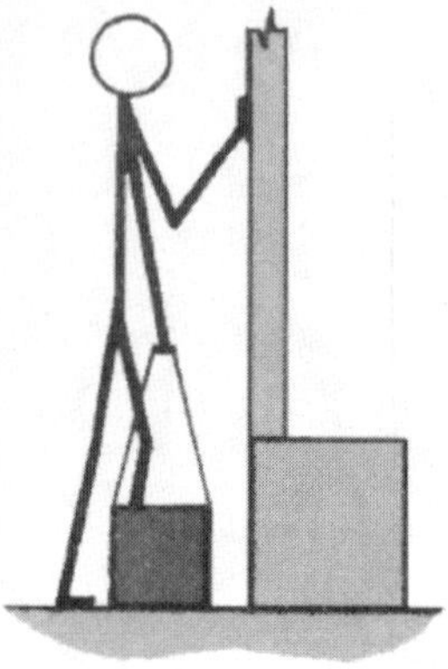

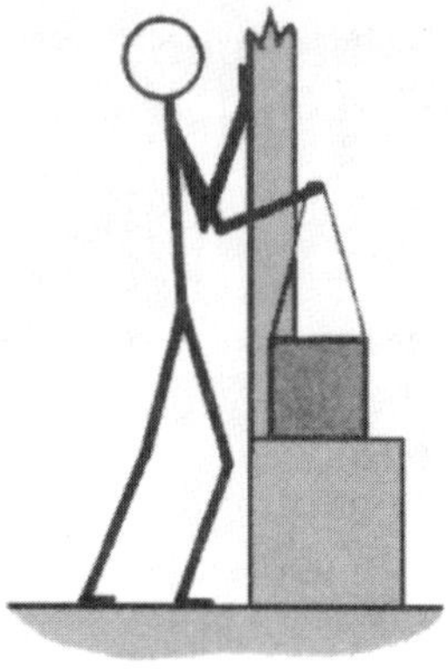

Kontrolle der Körperbelastung

Es ist einfach dumm, einen Gegenstand hochzuheben, den Körper unter der Last zu verrenken und dann zu versuchen, die Sache wegzutragen. Ich benutze einen Handkarren, um klobige, sperrige oder über fünf Kilogramm schwere Gegenstände zu transportieren. Schützen Sie auch Ihre Hände, Hüften und Ihren Rücken vor Überanstrengung!

In dieser Richtung ziehen.

Reduzieren Sie unnötiges Bücken durch einen langen Haltegriff.

Es ist wesentlich angenehmer für meine Beingelenke und Muskeln, fünfzig Kilogramm auf einem Handkarren zu *ziehen*.

Das Schieben des gleichen Handkarrens und Gewichts überanstrengt meine Beingelenke und verursacht Muskelschmerzen.

Ich habe gelernt, kleine Gegenstände bis zu fünf Kilo einen kurzen Treppenabschnitt hinaufzutragen.

Glücklicherweise leben wir in einem eingeschossigen Haus mit wenigen Treppen.

Wenn ich schwere Gegenstände unter fünfundzwanzig Kilo ein paar Treppenstufen hinauftragen muß, dann benutze ich einen Handkarren mit kleinen Rädern.

Sie sollten immer aufpassen, wenn Sie rückwärts gehen!

Bei großen, klobigen oder schweren Gegenständen bitte ich ganz einfach jemanden um Hilfe.

Schutz beim Knien

Fachleute mißbilligen das Knien, aber hin und wieder ist es unvermeidlich. Der Trick besteht darin, entsprechend in die Knie zu gehen, um vor allem wieder entsprechend aufstehen zu können.

Früher, als meine Knie fürchterlich schmerzten, lernte ich, nie zu knien, ohne daß ich etwas nahe vor mir hatte, auf das ich mich beim Aufstehen stützen konnte.

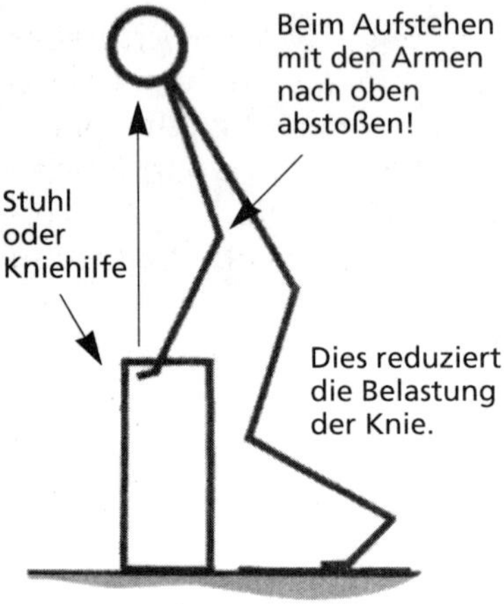

Gebeugte Knie sollten nicht einmal gezwungen werden, das eigene Körpergewicht zu tragen. Ein gebogenes Knie ist anfällig für Überanstrengung und innere Verletzungen.

Heben Sie nie einen Gegenstand, wenn Sie gleichzeitig stehen. Ich habe Menschen getroffen, die sich fragen, weshalb ihre Knie schmerzen, wenn sie Gegenstände heben wie Gewichtheber.

Seit 1989 halten meine Gelenke beim Knien etwas mehr aus als früher, aber ich verwende noch immer die *Corrie-Easi*-Kniebank[15] oder einen Hocker, sowohl draußen als auch drinnen.

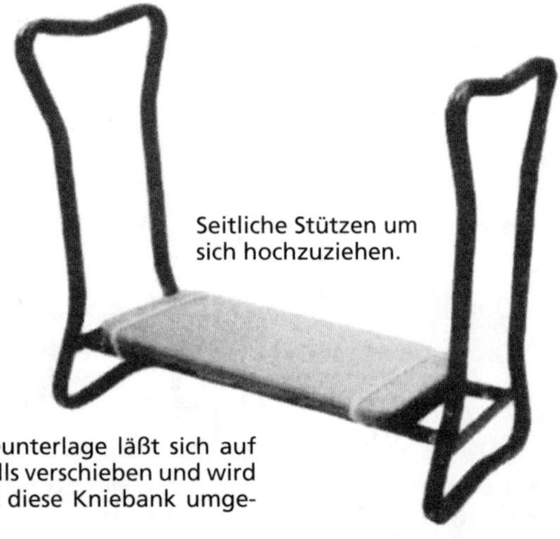

Die Schaumgummi-Knieunterlage läßt sich auf die Unterseite des Gestells verschieben und wird so zu einem Sitz, wenn diese Kniebank umgedreht wird.

Es könnte sinnvoll sein, sich zu überlegen, wie Gewichtheber ihre starken Muskeln und ihre Fähigkeit zu heben entwickeln. Personen, deren Gelenke und Muskeln durch Polyarthritis und Arthrose beschädigt sind, haben keinen Trainer und betreiben kein Bodybuilding. Die meisten verstehen auch die Grundlage der richtigen Körperbelastung nicht.

9
Körperhaltung

Beim Sitzen

Diese Körperhaltung bevorzuge ich beim Sitzen und Autofahren.

Damit ich bequem sitze, muß es möglich sein, mein linkes Bein ganz ausstrecken zu können oder das Knie zu biegen und den Fuß unter den Stuhl zu plazieren (dies ist natürlich beim Autofahren nicht möglich).

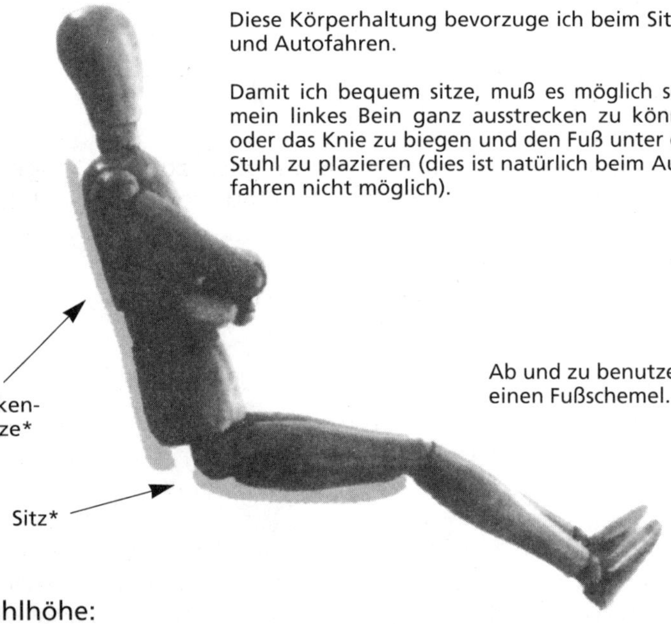

Ab und zu benutze ich einen Fußschemel.

Stuhlhöhe:
- normal 43 bis 58 cm
- wenn ich Schuhe anhabe, empfinde ich eine Höhe von 33 cm als sehr gut.

---

* Obus-Forme®-Stützhilfen[6]

Zu einer bequemen Körperhaltung beim Sitzen gehören:

- ein festes Polster, starke Federn
- ein vernünftiger Winkel von Sitzfläche zu Rückenfläche (etwa wie der einer Kirchenbank[14])
- eine orthopädische Sitz- und Rückenstütze
- eine Sitzhöhe von mindestens 43 cm

Probieren Sie aus, in welcher Stellung Beine, Hüften und Rücken zueinander am bequemsten für Sie sind. Das kann sich auch mit der Zeit ändern. Haben Sie keine Angst zu experimentieren. Ich habe oft zufällig einen neuen Weg gefunden, mich bequem einzurichten. Nur Sie selbst können herausfinden, was für Sie am besten ist.

Ich stehe auf, gehe umher und strecke mich in regelmäßigen Abständen, um Steifheit zu vermeiden. Beim Autofahren lehne ich mich soweit wie möglich zurück, beuge die Knie nur leicht und benutze die Obus-Forme®-Stützhilfen. Bei Schalensitzen verwende ich zusätzlich ein kleines Kissen (einiges von dem hier Beschriebenen mag Empfehlungen bei Kreuzschmerzen widersprechen).

Die mangelhafte Konstruktion vieler moderner Sitzmöbel verursacht bei mir immer wieder Sitzbeschwerden. Nicht nur Polyarthritis und Arthrose verschaffen uns Probleme. Die Neigungswinkel von Sitzfläche und Rückenteil bei vielen Stühlen mögen korrekt erscheinen, sind aber nicht mehr körperkonform, sobald man sich draufsetzt.

Viele besitzen eine solide Grundkonstruktion, andere sind erst dann bequem, wenn man zusätzlich orthopädische Stützhilfen verwendet oder ein kleines Kissen unterhalb des Rückgrats unterlegt. Ich beobachte auch, wie relativ viele Menschen mit Rückenbeschwerden sich den gleichen, höheren und härteren Stuhl aussuchen (eine Art Küchenhocker aus Holz), wie ich es tue.

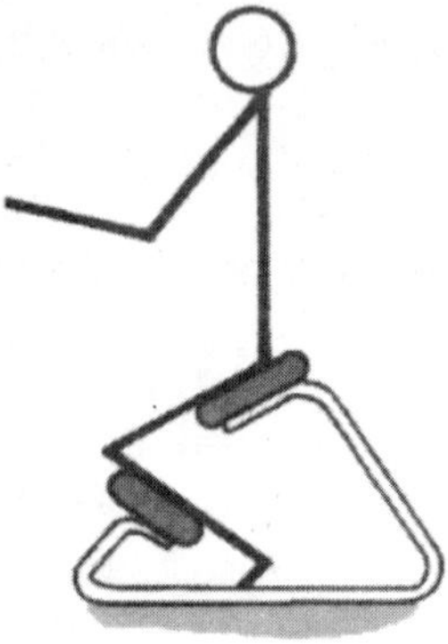

Ich probierte den Kniehocker aus, wie er hier links abgebildet und inzwischen überall erhältlich ist.

Ich glaube, daß dieser Sitz die Benutzer dazu bringt, in einer besseren Körperhaltung zu sitzen. Er war gut für meine Hüften, aber meine abgewinkelten Knie schmerzten innerhalb von Minuten.

Es strengte meine Knie auch zusätzlich an, wenn ich stehen mußte.

Beim Liegen

Auf einer Schaumgummimatratze konnte ich in fast jeder Stellung schlafen. Bevorzugt liege ich auf meiner linken Seite, das eine Knie leicht angewinkelt, wie nachstehend abgebildet:

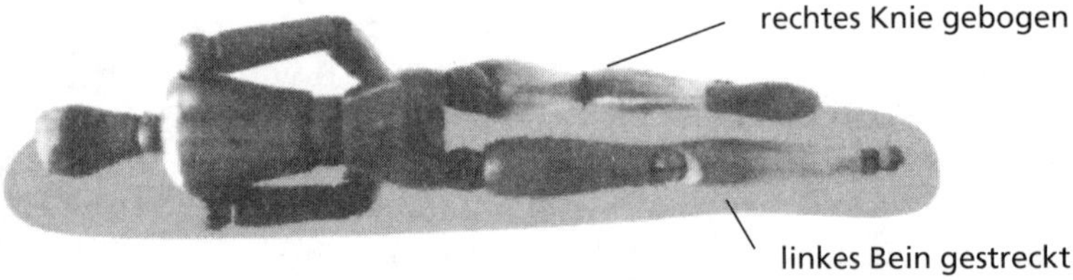

Vorsicht beim Aufstehen

Mir schmerzen die Rippen, wenn ich beim Aufstehen zuerst den Kopf und dann den Oberkörper hebe.

Um vom Boden oder vom Bett aus aufzustehen, rolle ich auf meine linke Seite, beuge das rechte Knie, um meinen rechten Fuß nach hinten zu bringen, stütze mich auf meinen linken Ellbogen und auf meinen rechten Arm und erhebe mich langsam in eine sitzende Position. Dabei wird der Rücken nicht überanstrengt.

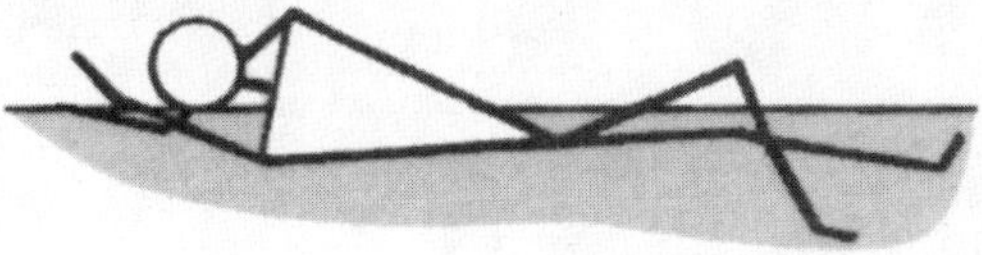

Zur linken Seite rollen, rechtes Knie beugen ...

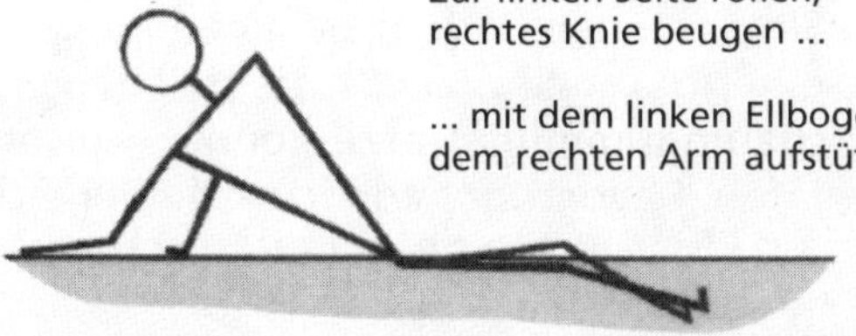

... mit dem linken Ellbogen und dem rechten Arm aufstützen.

Beim Stehen

Während eines Spaziergangs anzuhalten und für einige Minuten still zu stehen, ist sehr erholsam, aber es bedeutet etwas anderes, längere Zeit in einer Stellung zu stehen und zu arbeiten. Der Druck des Körpergewichts kann sogar Wasser aus der Knorpelmasse (die aus rund fünfundsiebzig Prozent Wasser besteht) herauspressen.

Deshalb vermeide ich es, längere Zeit zu stehen, ohne mich zu bewegen. Egal, wie bequem der Stand auch sein mag, die Muskeln werden schließlich schlaff, und Müdigkeit setzt ein. Der Körper muß aktiv sein, die Muskeln und Gelenke müssen bewegt werden.

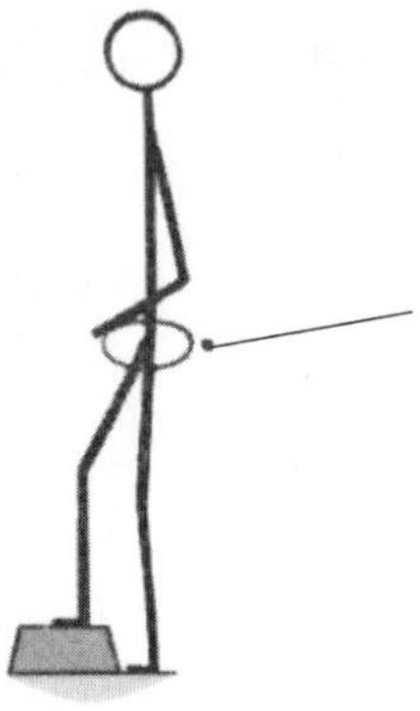

- Stehen Sie in einer bequemen Stellung
- Halten Sie den Kopf gerade, wie wenn er von einem Luftballon nach oben gezogen würde (siehe Seite 53)
- das Kinn leicht nach unten
- den Bauch entspannt
- das Becken waagerecht
- die Knie leicht angewinkelt
- die Füße parallel, schulterbreit auseinander
- Experimentieren Sie mit einem Fußschemel in einer für Sie beqeuemen Höhe, und setzen Sie abwechselnd Ihre Füße darauf, um Rückenbeschwerden oder Muskelkrämpfe zu lindern.

Vermeiden Sie zu stehen, indem Sie einen hohen Stuhl oder Hocker mit einer guten Sitz- und Arbeitshöhe verwenden.

Beim Putzen, Staubsaugen, Laubrechen

Wir haben bei uns zu Hause ein Problem. Das Rückenleiden meiner Frau hindert sie daran, Staub zu saugen, und alle kennen meine lahme Hüfte.

Ich habe einige Methoden dazu ausprobiert. Sitzend und stoßend; stehend und ziehend. Ich bemühte mich sogar, einer Empfehlung für Rückenleidende zu folgen, die Haltung eines »nach vorn ausfallenden Fechters mit starrem Rücken« einzunehmen. Es funktionierte nicht, und es fühlte sich an, als hätte sich eine Degenspitze in meine Hüfte gebohrt.

Mehrere Male bin ich gefragt worden, wie man ohne Schmerzen staubsaugen, putzen, rechen und so weiter soll. Das ist ein weitverbreitetes Problem, aber es gibt eine einfache Lösung dafür.

Für viele Menschen ist es schwierig, in stehender oder gehender Stellung zu arbeiten. Der Schlüssel dazu scheint das *Kippen des Beckens* zu sein, wie auf den Seiten 53, 61f.,

80 und an vielen anderen Stellen erwähnt. Es wurde noch viel zu wenig über das Kippen des Beckens gesagt.

Jemand erzählte kürzlich, daß er beim Becken an eine mit Wasser gefüllte Schüssel denkt, die so weit nach vorne gekippt wird, bis das Wasser herausläuft. Der Trick besteht darin, das Becken waagerecht zu halten und kein Wasser zu verschütten.

Beim *Staubsaugen* beuge ich meine Knie, versichere mich, daß mein Becken waagerecht ist, stehe aufrecht mit leicht gebogenen Knien ...

... Grundsätzlich scheinen meine Beine und Arme den Staubsauger zu bewegen – meine Knie, mein Becken und Rücken befinden sich mehr oder weniger in einer starren Haltung ...

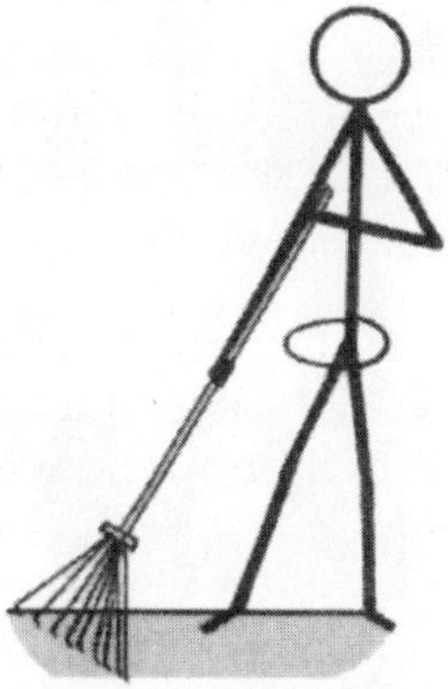

... Die treibende Kraft gelangt von den Füßen und Beinen in meine Arme, ohne die Hüft- und Rückenbereiche zu überanstrengen.

Ich habe keine wissenschaftliche Erkärung dafür gefunden; aber bei mir funktioniert es einfach.

Interessant ist, daß man mir bereits im August 1987 riet, beim Staubsaugen die Knie leicht zu biegen. Die Stellung des Beckens erwähnte man aber nicht, weshalb die Schmerzen auch nicht gelindert wurden und ich in den Knien und Hüften nach wie vor Beschwerden verspürte. Die Körperhaltung war einfach falsch.

Wohl hatte ich in der Vergangenheit schon über das Kippen des Beckens gelesen, aber nie die Bedeutung erkannt. Ich rate allen mit ähnlichen Problemen, einen Therapeuten aufzusuchen.

Laubrechen und *Putzen* beanspruchen die Armmuskeln mehr in seitlichen Bewegungen, aber die Körperhaltung wie beim Staubsaugen ist hilfreich.

10
Haus und Garten

Ein guter Rat: Hören Sie auf zu arbeiten, bevor Sie müde werden; lassen Sie das Unerledigte bis morgen liegen!

Unterbrechen Sie körperliche und sich wiederholende Arbeitsgänge durch Ruhepausen. Verteilen Sie das Arbeitspensum auf verschiedene Muskelpartien. Überanstrengen Sie keinen einzelnen Körperteil, vor allem nicht die Finger. Tragen Sie Jogging- oder Gehschuhe mit den Tritt dämpfenden Absätzen. Bleiben Sie ohne Pause nicht zu lange stehen, oder verrichten Sie eine andere Arbeit zwischendurch.

Ratschläge fürs Haus

Staubsaugen und ähnliches haben wir bereits im letzten Kapitel besprochen. Der *Vileda Twist Mop*[16] mit seiner speziellen Wringvorrichtung und seinem langen Handgriff eignet sich vorzüglich zum Putzen von Böden. Sie brauchen nicht zu knien oder in die Hocke zu gehen; beugen Sie lediglich leicht die Knie, achten Sie auf die Stellung Ihres Beckens, und erinnern Sie sich an die Vorstellung der Luftballons, wie auf Seite 53 abgebildet.

Betten, schwere Sofas, Putzgeräte und ähnliches lassen sich leicht handhaben, wenn sie mit Rollen versehen sind. Versuchen Sie zu ziehen, statt zu stoßen. Überlassen Sie das Wenden von Matratzen anderen.

Wenn Sie knien müssen, dann verwenden Sie einen Schemel oder eine Kniehilfe, wie auf Seite 74 abgebildet.

Wir haben unsere Küchenschränke mit tiefen und breiten Schubladenelementen ausgestattet. Diese erleichtern den Überblick und das Auffinden von Haushaltsgegenständen. Gleichzeitig besteht kein Grund, knien zu müssen, um einzelne Gegenstände zu suchen. Wenn ich etwas aus der untersten Schublade brauche, dann kann ich mich auf der Ablage aufstützen.

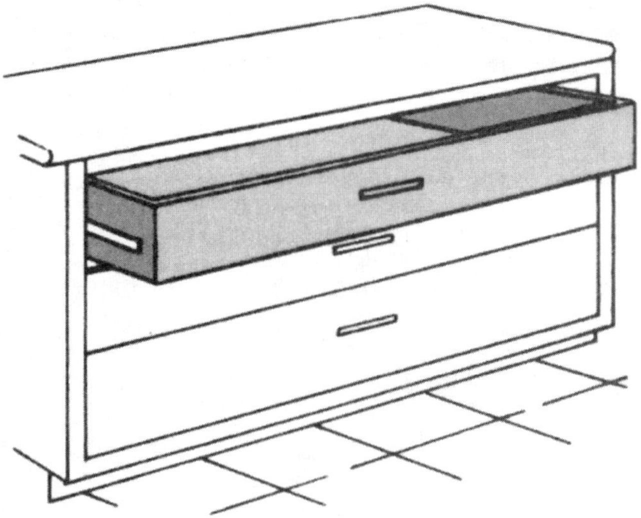

Übersichtliche Schubladen. Kein Grund zu knien, um in die hinterste Ecke eines Schranks zu schauen. Schubladen können ganz herausgezogen werden und erlauben volle Übersicht über alle Haushaltsgegenstände.

Ratschläge für den Garten

Statt das Laub auf den Gartenwegen und der Garagenzufahrt zusammenzurechen, benutze ich lieber ein Laubgebläse. Ich verwende das Gebläse auch für die Dachrinnen.

Die Kniebank eignet sich hervorragend für das Sitzen und Knien während der Gartenarbeit.

Unser grundsätzliches Anliegen ist es, die Gartenpflege einfacher und mit weniger Arbeit zu erledigen.

- Pflanzenkisten sind leichter zu pflegen und reduzieren unnötiges Hinunterbeugen und Strecken.
- Die Mitte der Pflanzenkisten soll von beiden Seiten leicht zugänglich sein.
- Mulchen und »Intensivanbau« verhindern zu starke Unkrautbildung.

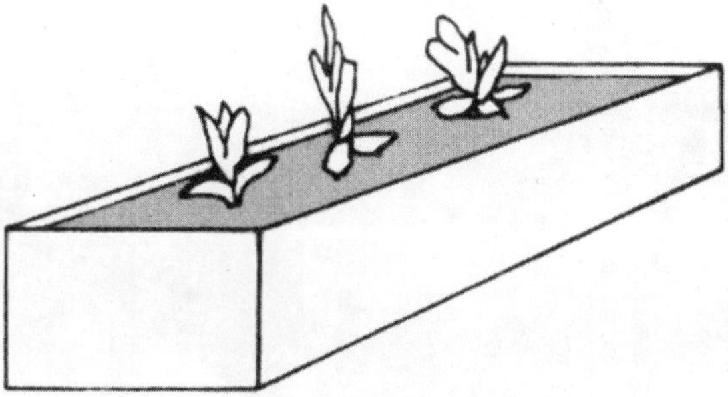

Eine unserer Pflanzenkisten hat einen breiten Holzrand, auf den wir uns beim Unkrautjäten setzen können.

Wir sammeln das Laub mit einem Gebläse, zerkleinern es zusammen mit anderem Gartenabfall und verwenden es entweder zum Mulchen oder zum Kompostieren.

Mulchen spart Zeit und Energie. Das Material sollte mindestens einmal pro Jahr in einer Dicke von sieben bis acht Zentimetern auf allen Stellen mit nackter Erde aufgetragen werden. Es hält das Unkraut zurück, und wenn es verrottet, nährt es die Pflanzen.

Pflanzen, die Säure lieben, wie Rhododendren, werden mit frisch zerkleinerten Eichenblättern gemulcht; für die anderen Pflanzen verwenden wir ein Jahr alte kompostierte Blätter. Steingärten werden stark gemulcht und mit Erika und anderen Pflanzen durchsetzt, die zu starkes Wachstum und Unkrautbildung und so weiter verhindern, was die Pflege erleichtert. Für Pflanzen wie Azaleen, Hibiskus, Hortensien und dergleichen verwenden wir Pflanzenbehälter und transportieren sie mit dem Handkarren: beispielsweise zum Überwintern in den Keller und zum Blühen in den Garten.

Transporthilfen

Transportkarren

Handkarren

Transport-/Handkarren

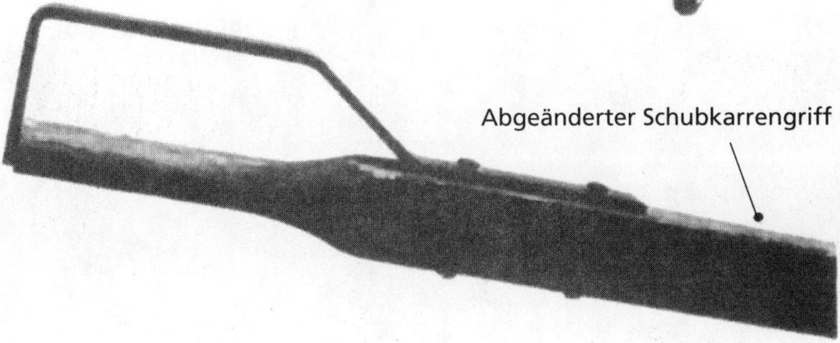

Abgeänderter Schubkarrengriff

Es ist möglich, daß Sie beim Ziehen der Geräte eine bessere Körperhaltung annehmen. Es kann dem Becken eine waagerechte Stellung verleihen, im Gegensatz zum Stoßen, wo die Gefahr besteht, das Kippen des Beckens zu übertreiben.

Das Ziehen der Geräte lenkt die Kraft in einer mehr oder weniger geraden Linie durch den Rücken in die Beine hinunter. Für mich fühlt sich dies natürlich und richtig an.

Gartenwerkzeug soll angemessen benutzt werden, um Überbeanspruchungen zu vermeiden, vor allem wenn Sie unter geschädigten Gelenken leiden. Dabei sind Konstruktion und Werkzeugtyp sehr wichtig.

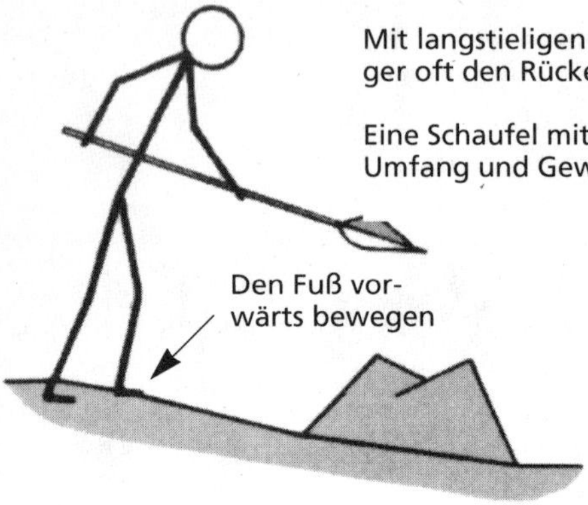

Mit langstieligen Werkzeugen müssen Sie weniger oft den Rücken beugen.

Eine Schaufel mit einer schmalen Kelle begrenzt Umfang und Gewicht der Ladung.

Wenn ich eine Ladung mit einer Schaufel befördere, dann drehe ich mich auf den Füßen, richte den einen Fuß in die eingeschlagene Richtung und reduziere damit die Drehung des Körpers.

Ich bewege mich langsam und vollführe jeweils nur kleine Drehungen.

Wenn ich einen Komposthaufen wende oder ein Blumenbeet umsteche, ist es bequemer für meinen Rücken und meine Hüften, ein Stück Holz als Hebearm unterzulegen. Dann brauche ich nur den Stiel des Spatens hinunterzudrücken, statt zu versuchen, die Ladung mit den Armen und dem Rücken hochzuheben.

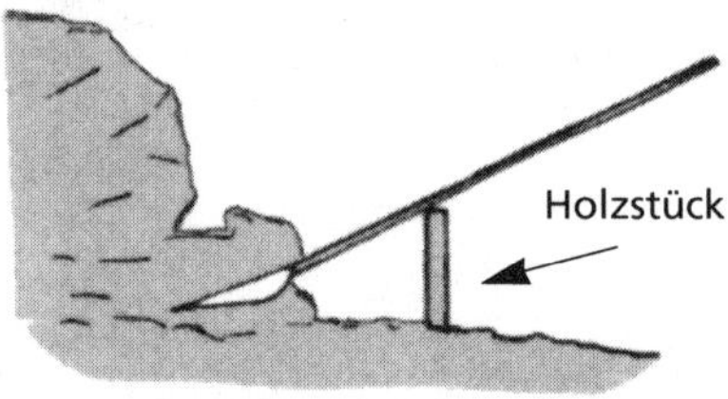

Der elektrische Rasenrandschneider mit der Nylonschnur als Schneidewerkzeug ist ein richtiger Segen, denn er erfordert keinerlei Hinunterbeugen oder Niederknien beim Trimmen der Rasenränder.

Ein wichtiger Leitsatz:
Ich höre auf, bevor ich müde werde!

Beschwerden und Schmerzen sind normalerweise ein Hinweis auf das Bedürfnis nach Ruhe oder darauf, zu lange in der gleichen Stellung ausgeharrt zu haben. Müdigkeit ist die Folge jeglicher ausgedehnter, ununterbrochener Muskelbeanspruchung.

Wäre mein Gedächtnis besser, so könnte ich mir eine ganze Menge unnötiger Schritte und Wege ersparen. Ich müßte nicht immer wieder zurückgehen, um irgend etwas zu holen, das ich brauche – bloß weil ich nicht mehr weiß, wo ich es beim letztenmal hingelegt hatte.

Denken Sie daran: *Vergeßlichkeit ist oft ein Zeichen von Müdigkeit!*

11
Die Trager®-Erfahrung

Mein Übungsprogramm bis zum Mai 1987 war unglaublich harte Arbeit, aber trotz aller Anstrengungen, die ich aufwenden mußte, hat es mir nicht wirklich geholfen.

Aus meiner Sicht gingen die Übungsempfehlungen am Wesentlichen vorbei. Wichtiger war nämlich, daß ich lernte, meine Steifheit zu verringern, mich zu entspannen und meine Muskeln geschmeidiger zu machen. Ich brauchte mehr, als mir die Übungen geben konnten. Mein Problem wurde nicht verstanden.

Im Mai 1987 schrieb ich mich bei einer Trager®-Spezialistin und -Therapeutin[8] ein. Schon in der ersten Sitzung eröffnete sich mir eine völlig neue Welt. Während ich auf einem Massagetisch auf dem Rücken oder auf dem Bauch lag, schüttelte, wiegte und dehnte sie sanft und rhythmisch über eine Stunde lang meine Beine, Füße, Arme, meinen Rücken und den Nacken.

Ich war mir gar nicht bewußt gewesen, wie verspannt ich geworden war. Während der ganzen Sitzung blockierte ich instinktiv ihre sanften Manipulationen meiner Glieder und Schultern und meines Rückens. Immer wieder mußte sie mich bitten, mich zu entspannen: »Versuchen Sie, sich nicht zu verspannen, versuchen Sie, nichts vorwegzunehmen, entspannen Sie sich, und versuchen Sie nicht zu helfen.« Heute sieht die Situation völlig anders aus!

Es gab keinen plötzlichen Durchbruch, es dauerte Monate, aber langsam entwickelte sich schon während dieser ersten Sitzung eine gewisse Entspannung. Es war ein Anflug dessen, was erreicht werden kann. Die Therapeutin arbeitete ganz ruhig während der ganzen Sitzung und fragte mich lediglich:

»Fühlt es sich richtig an? – Fühlt es sich leicht an?«

Ich hätte diese Bewegungen allein nicht durchführen können. Um meine Glieder zu bewegen, hätte ich meine Muskeln anspannen müssen, und durch dies wiederum wären die erforderlichen Bewegungen eingeschränkt worden.

Ich war mir der Wirkung der Körperarbeit nicht bewußt, bis ich vom Tisch herunterstieg. Ich wurde gebeten, mich noch fünf Minuten auszuruhen und dann vorsichtig aufzustehen. Als meine Füße den Boden berührten, mußte ich mich einige Augenblicke lang festhalten.

Während der folgenden Monate steigerte sich die Bewegungsfreiheit meiner Hüften und der anderen Gelenke, die Muskeln wurden geschmeidiger, weicher, aber kräftiger. Durch Mentastics^{sm} lernte ich, mich täglich um mich selbst zu kümmern; bitte beachten Sie dazu den Hinweis auf das Buch *»Meditation und Bewegung – Trager Mentastics«*[17].

Die monatlichen Behandlungen sind nun zu Lektionen geworden, bei denen ich fortfahre, mir selbst zu helfen, Übungen anzuwenden, um meinen körperlichen und geistigen Gesundheitszustand zu verbessern und meine Fortschritte mit täglichen Mentastics^{sm}-Übungen zu beurteilen. Fast jedesmal, wenn ich übe, gibt es dafür einen Mentastics^{sm}-Grund.

Möglicherweise haben die Trager®-Körperarbeit und die Mentastics^{sm}-Übungen Nährstoffe in meinen Körper hineingepumpt und die Knorpelzellen befähigt, ihre Schäden zu beheben und sich selbst zu regenerieren[4].

12
Übungen

Warum ich übe

Das von den Physiotherapeuten im Oktober 1985 empfohlene Übungsprogramm hatte folgende Ziele:

- Steigern der Muskelkraft und besserer Schutz der Gelenke,
- Steigern der Bewegungsfreiheit der Gelenke und der Beweglichkeit.

Im Mai 1987 begann ich, die meisten Übungen abzuändern. Ich verändere sie noch immer, um sie dem Wandel anzupassen, den ich für meine gesundheitlichen Bedürfnisse als notwendig erachte. Dr. MILTON TRAGER'S Mentastics^{sm}-Übungen[17] haben mir ermöglicht, meine Muskeln zu dehnen, die Bewegungsfreiheit meiner Gelenke zu erweitern und die Spannung zu vermindern – und sie haben mir geholfen, ein aktives, normales menschliches Wesen zu sein.

Das Anpassen der Bewegungsübungen an meine Bedürfnisse

Das Wort »Übung« hat einen etwas unglücklichen Bedeutungsinhalt. Ich möchte statt dessen Begriffe wie »Bewegung« oder »Aktivität« verwenden. Es ist wichtig, daß jede Handlung, die den Körper aktiv hält, Spaß macht und daß die Bewegungen angenehm und gewinnbringend sind.

Oft mußte ich feststellen, daß den Ratschlägen der Fachleute völlig der Bezug zu meinen persönlichen Bedürfnissen fehlte, und ich sah mich gezwungen, ganz anders an meine Probleme heranzugehen.

- Muskeltraining ist harte Arbeit, bis zu einem Punkt, wo es Spannung verursacht. Ich schlage ausgleichende Entspannungsbewegungen vor.
- Physiotherapie und konventionelle Übungen sind möglicherweise keine umfassende Therapie, wie sie bei Polyarthritis und Arthrose erforderlich ist. Sie verschaffte mir weder Beweglichkeit noch Geschmeidigkeit. Die entsprechenden Übungen zur Stärkung und Verbesserung der Bewegungsfreiheit verursachten Überanstrengung und Steifheit.
- Warmwassertherapie mag nicht immer Entspannung und eine Erhöhung der Spannkraft der Muskeln gewährleisten. Später wurde mir bewußt, wie entscheidend die Temperatur für meine Gelenke ist (Seite 44 ff.).
- Die allgemeine Behauptung, man könne der Arthritis »davonlaufen«, mag nicht für alle zutreffen, zumindest nicht am Anfang. Zuerst ist es wichtig zu lernen, richtig zu gehen und herauszufinden, wie die Körperhaltung, die Beckenstellung, die Fußbewegungen und so weiter sich auf einen selbst auswirken. Allgemeingültige Informationen zu finden ist jedoch schwierig.
- Trager®-Körperarbeit brachte mich dazu, mir selbst zu helfen und auf mich persönlich abgestellte Fragen zu beantworten: Fühlt es sich richtig an? Fühlt es sich leicht an? – Als ich dies verstand, war ich in der Lage, Übungen meinen speziellen Bedürfnissen anzupassen.

Heutzutage freue ich mich auf die »Übungen«. Trotzdem muß es sich »richtig« anfühlen, ich muß mich »leicht« fühlen, und, ganz wichtig, es muß Spaß machen.

Ich bin mittlerweile davon überzeugt, daß, wenn man professionellen Rat braucht, die wahren Fachleute jene Menschen sind, die selbst unter Polyarthritis oder Arthrose leiden.

Übungen und mein Rücken

Das einzige Mal, daß ich unter Rückenbeschwerden litt, war 1985, als ich mit den von den Physiotherapeuten empfohlenen Übungen anfing. Ich möchte deshalb darauf hinweisen, daß gewisse Übungen und Stellungen Ihren Rücken überbeanspruchen können und im Zweifelsfall nicht geeignet sind.

Zum Beispiel kann es bei einigen Menschen Rückenschmerzen[2] verursachen, wenn sie auf dem Bauch liegen oder die auf Seite 101 dargestellte Übung 2 ausführen. In Anbetracht dieser Möglichkeit habe ich auf Seite 126 f. zu jenen Übungen, die als Ursache für Rückenschmerzen in Frage kommen, einige warnende Bemerkungen zusammengestellt. Bei Mentastics^{sm}-Bewegungen treten solche Probleme nicht auf.

Mein Rücken, Nacken und meine Schultern wurden nie geröntgt. Die Poly- und Osteoarthritis oder Arthrose versteifte bis 1987 nach und nach diese Körperteile, bis es mir nicht mehr möglich war, mich beim Rückwärtsfahren im Auto umzudrehen. Trager®-Körperarbeit und die Mentastics^{sm}-Übungen befähigten mich jedoch, diese Schwierigkeiten zu überwinden.

Hydrotherapie

Im Jahr 1985 hatte ich so viele Beschwerden und Schmerzen, daß ich heute schlecht beurteilen kann, ob mir damals die Warmwasser-Sitzungen im Arthritis Centre halfen oder nicht. Im Zentrum hatte man mir nach einer kurzen Behandlungszeit vorgeschlagen, diese Hydrotherapie fortzusetzen.

Leider waren die öffentlichen Schwimmbäder zu kalt für mich. Die meisten geheizten Bäder waren hauptsächlich für Kinder geeignet und zu flach für therapeutische Übungen für Erwachsene. Bei den großen Schwimmbädern bestand das Problem des Hinein- und Hinaussteigens, und oft waren sie überfüllt.

Schwimmen könnte zweifellos wunderbar sein, doch verursachte das kalte Wasser Beschwerden und Krämpfe in meinen Beinen. Ich weiß, daß die Wassertemperatur des Havasusees in Arizona an einem sonnigen Augusttag ideal sein würde. Ich habe aber festgestellt, daß die hohen Temperaturen in Warmwasserbecken, Sprudelbädern und in der Sauna eindeutig Hüftschmerzen und andere Beschwerden auslösen.

Erfolge mit meinen Mentastics^{sm}-Bewegungen

Obwohl ich seit über zwei Jahren Mentastics^{sm} praktiziere, verstehe ich erst jetzt, wie stark mich dies beeinflußt hat. Ich lebe in viel größerem Frieden und Einklang mit mir selbst.

Wenn ich Ärzten, Physiotherapeuten und Laien erzähle, daß ein Großteil meines Erfolges auf Schütteln, Rütteln und Wiegen meiner Hände, Arme, Füße und Beine zurückzuführen ist, fragen die meisten: Was soll das bedeuten? Haben Sie wissenschaftliche Beweise? – Ich glaube aber nicht, daß es für konventionell denkende Menschen eine Antwort darauf gibt.

Ich sehe hier eine Parallele zu jenen Ärzten (zum Beispiel Dr. BERNIE SIEGEL), die Vorträge halten und Bücher schreiben, um nichtklinische Erklärungen abzugeben, weshalb einige Patienten, entgegen allen Prognosen, tödlich verlaufende

Krankheiten mit Hilfe unkonventioneller Behandlungsmethoden überwinden.

Wir alle sollten auch Humor (die Norman-Cousins-Methode), Liebe und Frieden, die wir für uns selbst schaffen, als Wunder wirkende Heilkräfte in Betracht ziehen.

Wie habe ich mit Mentastics^{sm} angefangen?

1. Der Therapeut zeigte mir die grundlegenden Bewegungen und gab mir Text- und Bildmaterial, das mir erlaubte, allein damit zu arbeiten.
2. Während der ersten sechs Monate praktizierte ich jeden Abend Mentastics^{sm}, zusätzlich zu meinen regelmäßigen Übungen am Morgen.
3. Nach und nach begann ich diese Bewegungen mit einem Gefühl der Leichtigkeit zu verbinden, mit weniger Muskelspannung und größerer Bewegungsfreiheit.
4. Dann wendete ich die Grundsätze der Trager®-Körperarbeit bei allen meinen Übungen an, was deutlich die Muskelspannung reduzierte.
5. Die Trager®-Körperarbeit-Sitzung wurde zur monatlichen Lektion, während der ich meinen Fortschritt mit Mentastics^{sm} beurteilen konnte.

Der einzige Weg, diese Methode zu lernen, ist natürlich die, daß man alles vom Fachmann gezeigt bekommt und unter seiner Anleitung arbeitet, aber hier ist eine einfache Bewegung, die ich täglich mehrere Male ausführe und die niemandem schadet:

- Stehen Sie seitwärts auf einer Treppe, und halten Sie sich am Geländer fest. Lassen Sie das linke Bein frei über eine Stufe hängen. Schütteln Sie langsam und ohne Spannung den linken Fuß sanft aus dem Knöchel heraus.
- Fühlen Sie beim Schütteln das Gewicht des Fußes, spüren Sie, wie das Bein aus dem Hüftgelenk heraus nach unten zieht. Überlegen Sie, wie Sie das Bein leichter fühlen las-

sen können. Spüren Sie, wie Ihr Bein leichter und länger wird. Fühlen Sie, wie das Muskelgewebe des Beines sich zu lockern und gleichsam »transparent« zu werden beginnt.

Ich stellte fest, daß, je bewußter ich mit dem Gewicht und der Bewegung meiner Glieder in dieser Art und Weise spielte, desto größer meine Reaktion und die Ungezwungenheit der Bewegung war. Langsam fand ich meinen eigenen Rhythmus, eine innere Ruhe und eine körperlich-geistige Freiheit.

Da ist nichts Geheimnisvolles dabei. Heutzutage schöpfe ich viel mehr aus dem Üben und viel mehr aus dem Laufen. Meine Muskeln entwickeln einen guten Tonus und genügend Kraft.

Arm schütteln

Bein schütteln

Schultern schwingen

Oberkörper schwingen

Arme schwingen

Eine Dose wegstoßen

Meine Einstellung zum Üben

Zu Beginn meiner eigenen Aktivitäten, im Jahr 1985, zwang ich mich zum Üben in der Hoffnung, daß sich meine Schmerzen vermindern würden. Die Übungen linderten einen kleinen Teil der Schmerzen, aber im allgemeinen hatten sie nur eine geringe Auswirkung auf meine Hüftbeschwerden und meine Steifheit. Die Übungen schienen den Fortschritt zu hemmen, indem sie die Muskeln unnötig anspannen ließen. Ich war nicht geschmeidig.

Die durch die Übungen hervorgerufene Spannung erlaubte keine Entspannung, von der ich aber wußte, daß ich sie brauchte. Ich erzählte meinem Arzt und anderen, daß ich es für falsch hielt, wenn ich zusätzliche Schmerzen bekam. Außerdem müßte es mehr Spaß machen, um positiv wirken zu können.

Ganz anders sind dagegen Mentastics^{sm}-Bewegungen. Sie reduzieren die Spannung, geben meinem Körper mehr Bewegungsfreiheit, Beweglichkeit und verleihen mir Wohlbefinden. Ich benutze die Trager®-Körperarbeit, um mein Üben zu bestimmen und um dabei gleichzeitig versteckte Bereiche der Verspannung, Steifheit und Überbeanspruchung aufzuspüren.

Gehen ist eine wichtige sanfte Übung, die für mich am besten funktioniert, wenn mein Körper geschmeidig ist. Ich überzeuge mich von der richtigen Körperhaltung (siehe Seite 53) und ziehe den Tritt dämpfenden Schuh an. Mit all dem betrachte ich das Gehen als die wahrscheinlich beste Übung zur Einschränkung von Poly- und Osteoarthritis.

Irgendwann werde ich lediglich ein paar einfache Mentastics^{sm}-Übungen und nur noch kurze Spaziergänge benötigen.

Die Regelmäßigkeit meines Übens

Ich habe gelesen, daß unregelmäßig durchgeführtes Üben nicht wirkungsvoll ist. Wollen Sie Risiko und Folgen von Polyarthritis und Arthrose niedrig halten, so sind ständige, tägliche Aktivität – verbunden mit Pausen –, Diät und vorsichtiges Belasten des Körpers erforderlich. Reines Üben ist nur ein kleiner Teil meiner Aktivität.

Die meisten von uns halten Üben für etwas, das soundso oft pro Tag ausgeführt werden muß. Haben Sie je über den ursprünglichen Zweck des Übens nachgedacht?

Die auf den folgenden Seiten dargestellten Übungen sind eine Mischung aus Entspannungs-, Dehnungs- und Stärkungsbewegungen, die Sie jeden Tag durchführen sollten. Ich mache sie nur, wenn ich fühle, daß ich es brauche. Sie müssen ein Wissen über Ihre eigenen Bedürfnisse entwickeln.

Ich pflegte anfänglich jeden Morgen mindestens vierzig Minuten lang streng zu üben, um meinen Körper zu zwingen, robuster zu werden. Die Folge waren noch steifere Gelenke und mehr geistige Blockierungen, als wenn ich mich normal und frei bewegt hätte.

Heute entspanne, dehne und erhole ich mich, während ich viermal am Tag zehn bis zwanzig Minuten lang »übe«. Dazu gehe ich spazieren und unternehme andere Aktivitäten. Ich habe sogar gelernt, mich einige Minuten lang auf den Absätzen hockend gegen eine Wand zu lehnen und zu meditieren.

Der Nutzen jeder der auf den folgenden Seiten abgebildeten Übungen wurde bereits erwähnt und kommentiert. Einige sind Standardbewegungen. Andere sind Selbsthilfe-Mentastics^{sm}-Übungen, die dazu dienen, einige der sanften Heilungsverfahren der Trager®-Körperarbeit zu verstärken.

Jeder Mensch reagiert unterschiedlich auf Polyarthritis oder Arthrose. Viele haben Bewegungsarten gefunden, die sie bevorzugen. Haben Sie beispielsweise einmal versucht, barfuß flach auf dem Boden zu stehen und dann nur eine Ferse hochzuheben und mit diesem Bein zu wackeln?

Übungen

Übung 1

Lockert Hüften und Beinmuskulatur (siehe auch Seite 56).

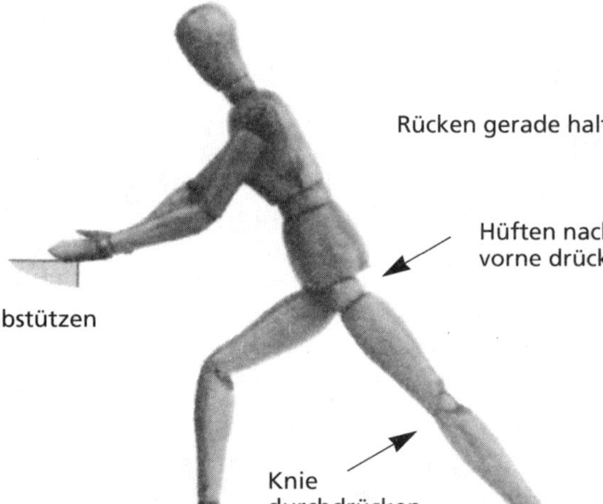

Übung 2 *(Beachten Sie zuerst die Warnung in bezug auf Rückenschmerzen – siehe Seite 126 f.)*

Lockert Rücken und Schultern.

Langsam den Körper nach hinten biegen, dann ...

... langsam den Kopf vornüber fallen lassen und anschließend den Körper nach vorne beugen

Übung 3

Lockert Gelenke und Hüften, dehnt die Beine.

Gleichgewicht halten durch Abstützen
auf zwei Stühle, Tische und ähnliches

Fuß aus dem Gelenk heraus
auf und ab bewegen ...

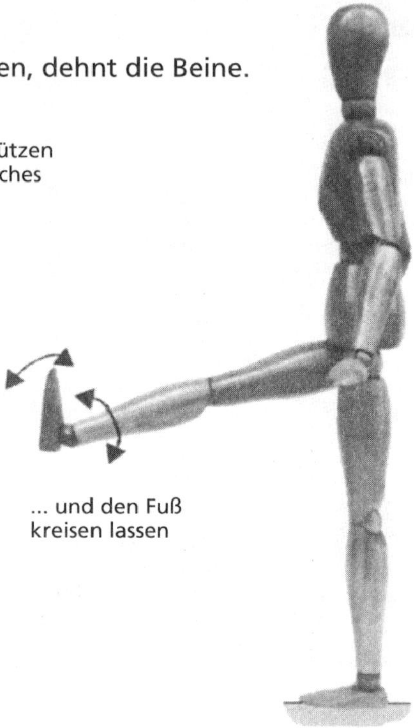

... und den Fuß
kreisen lassen

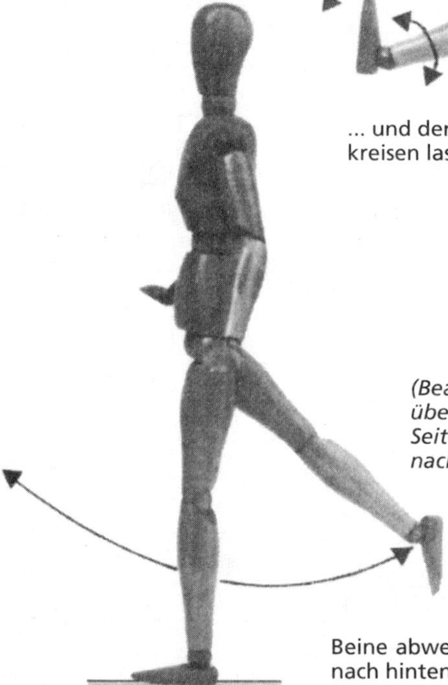

(Beachten Sie die Bemerkung über Rückenschmerzen – siehe Seite 126 f. –, bevor Sie die Beine nach hinten bewegen!)

Beine abwechselnd nach vorn und dann
nach hinten bewegen

Übung 4

Lockert die Schultermuskulatur.

Mit beiden Armen zur Seite
und nach oben schwingen

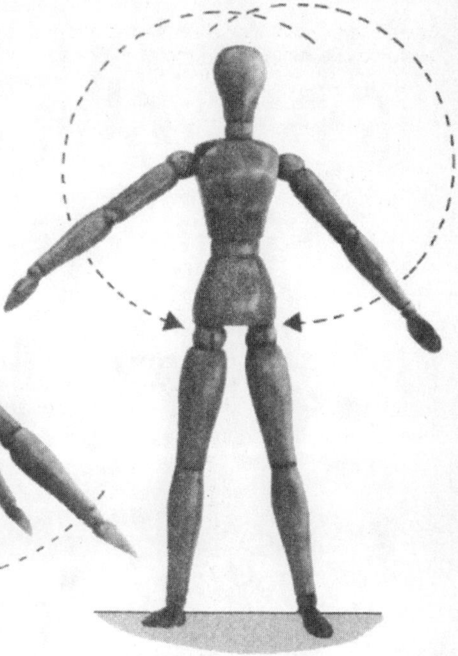

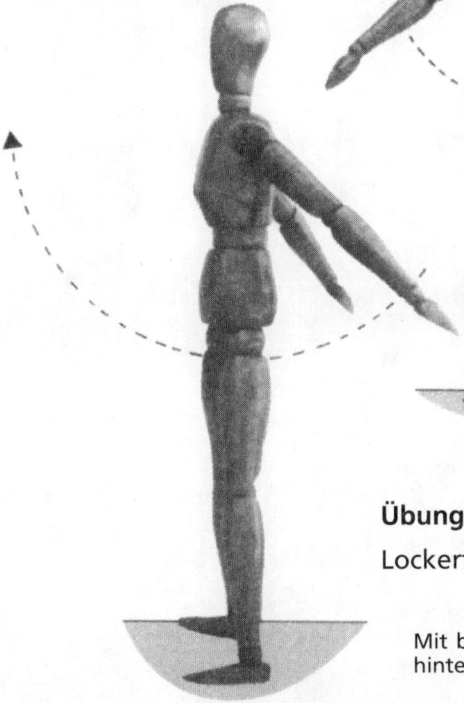

Übung 5

Lockert die Schultermuskulatur.

Mit beiden Armen nach vorne und
hinten schwingen

Übung 6

Lockert Rücken und Hüften.

Oberkörper nach links und nach rechts beugen

Knie leicht angewinkelt, Becken waagerecht

Füße schulterbreit auseinander

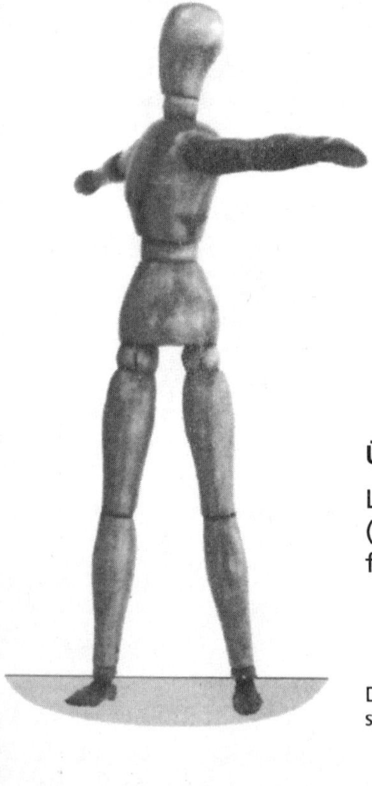

Übung 7

Lockert Rücken und Hüften (ideal nach einer langen Autofahrt).

Den Oberkörper von den Hüften aus sowie wie möglich drehen

Übung 8

Steigert die Bewegungsfreiheit der Hüften.

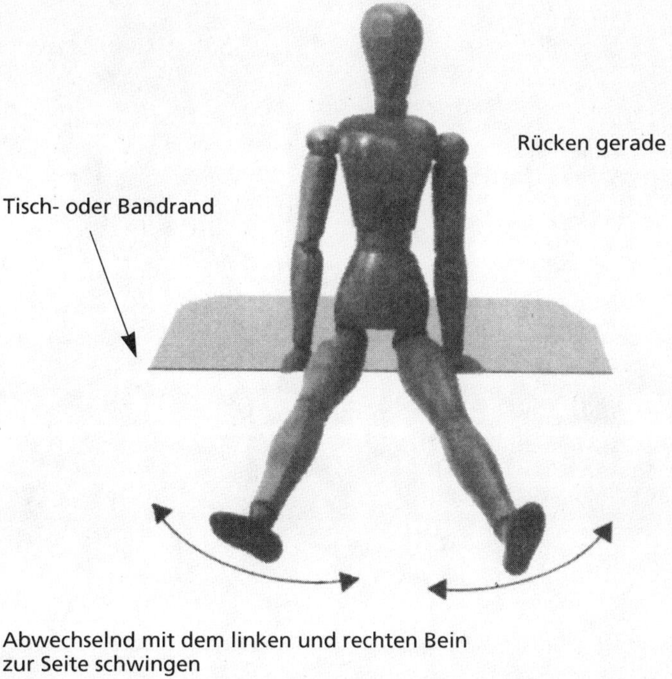

Übung 9

Gerade sitzen,
nicht zurücklehnen,
nicht nach vorn beugen

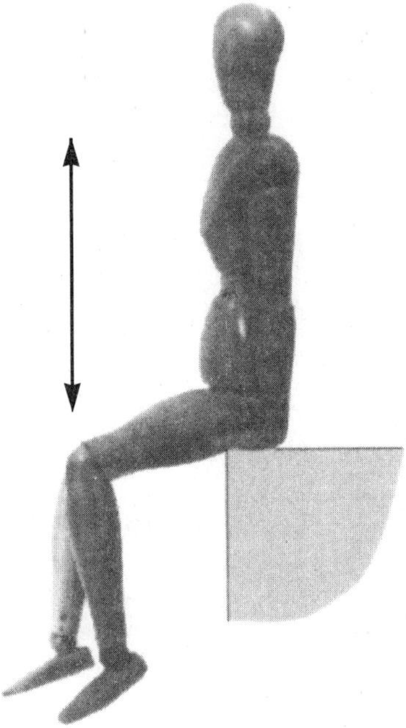

Ich hebe beide Beine abwechselnd hoch, beuge Knie und Hüften und versuche, das jeweilige Knie so nah wie möglich zur Brust zu bringen.

Übung 10

Lockert Hüften und Beine.

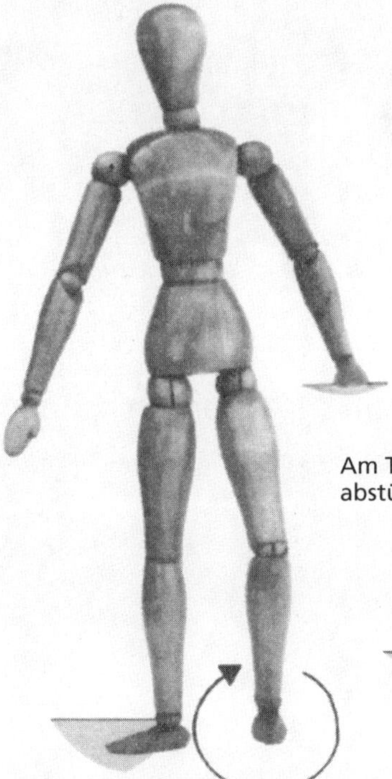

Am Tisch abstützen

Abwechselnd kreisen oder das jeweilige Bein schütteln

Übung 11

Lockert die Hüften.

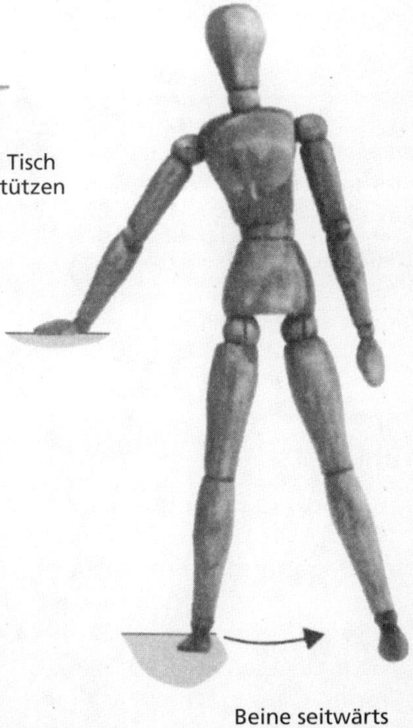

Beine seitwärts schwingen

Übung 12

Lockert die Hüften.

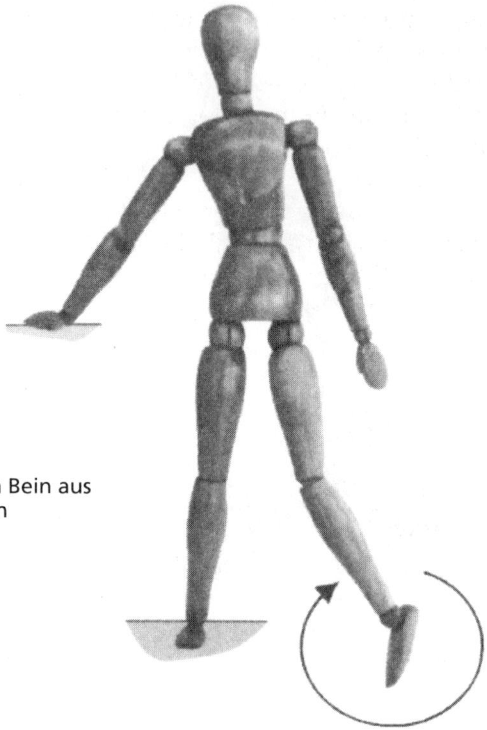

Am Tisch abstützen

Abwechselnd mit jedem Bein aus der Hüfte heraus kreisen

Übung 13

Steigert die Bewegungsfreiheit der Beine.

Ich begann mit dieser Übung, als ich durch Trager®-Körperarbeit feststellte, daß die seitliche Bewegungsfreiheit meiner Füße im Bereich der Fußgelenke äußerst begrenzt war.

Die Übung wird auf einer Treppenstufe stehend oder im Liegen durchgeführt. Ich fand sie hilfreich während der Pausen bei meinen Spaziergängen (siehe Seite 59 f.).

Verschiedene Bewegungen können im Liegen ausgeführt werden, wie das kräftige Schütteln der Beine oder die auf Seite 122 ff. gezeigten Fingerübungen.

Von den Bewegungen dieser Übung profitieren die Beine, der Hüftbereich und die Fußgelenke.

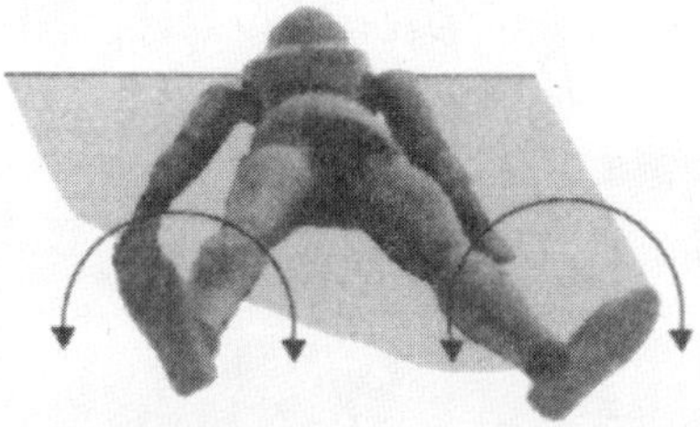

Beine über die Fersen hin- und herrollen

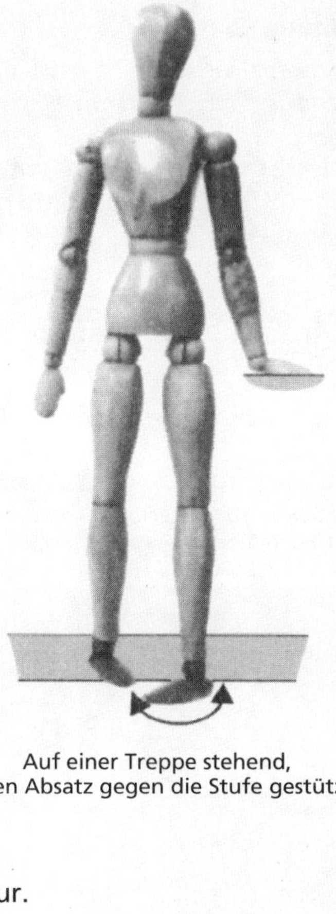

Auf einer Treppe stehend, einen Absatz gegen die Stufe gestützt

Übung 14

Dehnt die hintere Beinmuskulatur.

Zehen nach oben ziehen

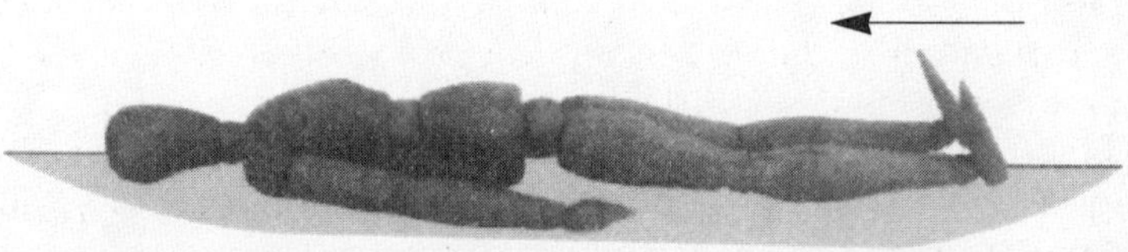

Kopf auf den Boden

Knie durchdrücken

Übung 15

Lockert die Hüften und dehnt die Muskulatur der Oberschenkel und Hüften.

Dies ist eine weitere Übung, die ich abänderte, um in den Genuß einer speziellen Trager®-Körperarbeit-Methode zu kommen.

a) Die konventionelle Art besteht aus dem Seitwärtsgleiten des Fußes auf dem Absatz.

Flach auf dem Boden liegen

Ein Bein ruhig halten

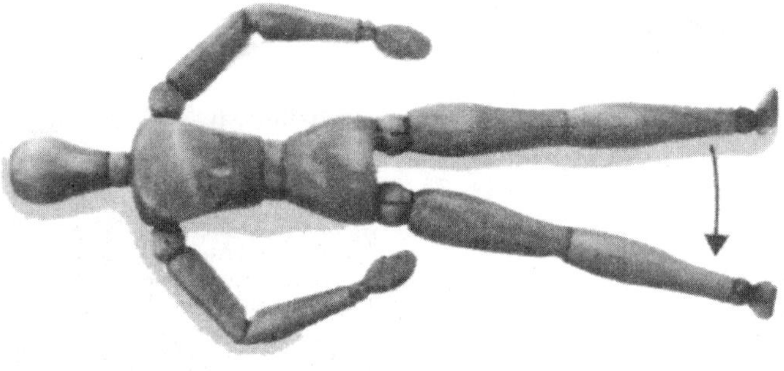

b) Heute benutze ich einen Halteriemen, um das Bein nach oben zu heben und es auf die andere Seite zu schwingen.

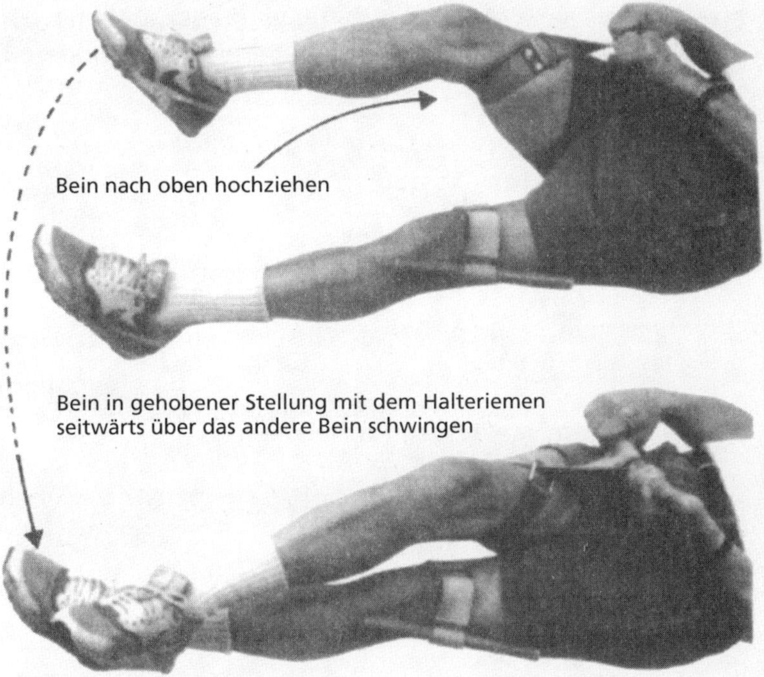

Übung 16

Steigert die Bewegungsfreiheit der Hüften, dehnt die Beinmuskulatur.

a) Konventionelle Art. Diese Übung wird auch in dem Buch »*Walk On*« (Besser gehen) vorgestellt.

Während ein Bein so hoch wie möglich zur Brust gezogen wird, bleibt das andere Bein ausgestreckt.

b) Benutzen Sie wieder den Halteriemen.

Wenn ich das Bein mit Hilfe des Halteriemens nach oben ziehe, strengt die Übung nicht an.

Strecken Sie das hochgezogene Bein, und drehen Sie Ihren Fuß zuerst im Uhrzeigersinn, dann entgegengesetzt, legen das Bein auf den Boden und wiederholen das Ganze (nicht abgebildet).

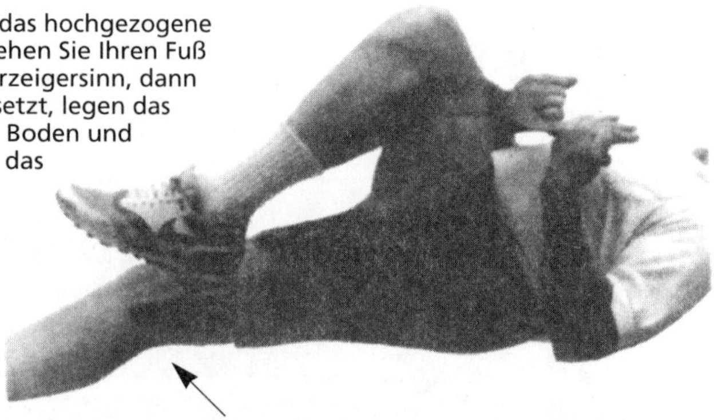

Gelenkgewichte am Knie hindern das liegende Bein am Hochgehen.

Ich habe das Gefühl, daß sich beide Beine dehnen, wenn ich diese Bewegungen sanft und ohne Gewalt anzuwenden ausführe. Meine Muskeln sind nach dieser Übung entspannt.

Übung 17

Steigert die Bewegungsfreiheit der Hüftgegend.

Ziehen Sie das entspannte Bein mit dem Halteriemen nach oben.

Ziehen Sie das Bein zur Seite über das andere.

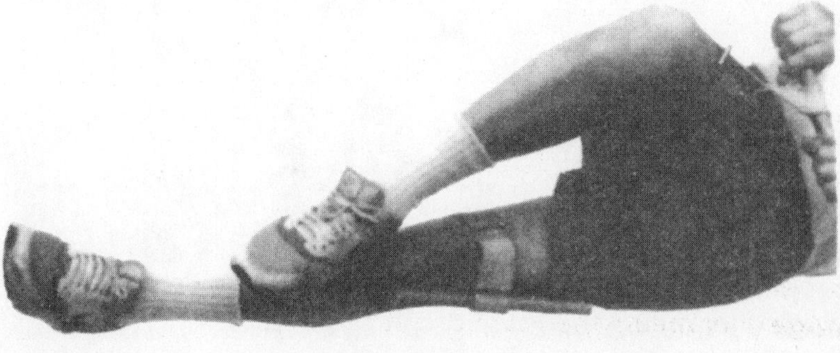

Lassen Sie das Bein auf den Boden hinunterfallen.

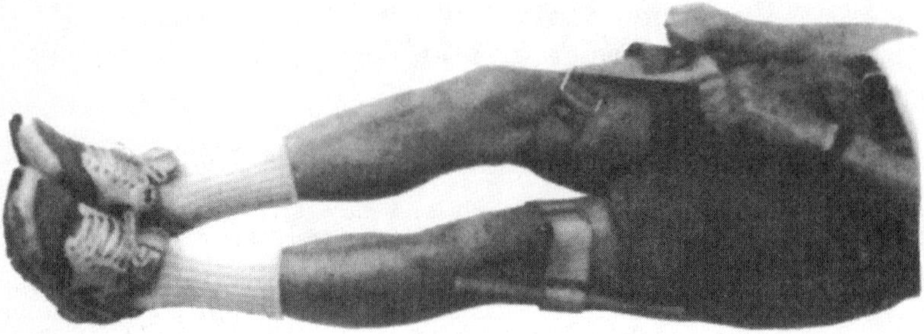

Beachten Sie, daß die Beine immer entspannt bleiben. Die Beine sollten sofort schwer auf den Boden hinunterfallen, sobald der Halteriemen losgelassen wird.

Übung 18

Steigert die Bewegungsfreiheit der Hüften.

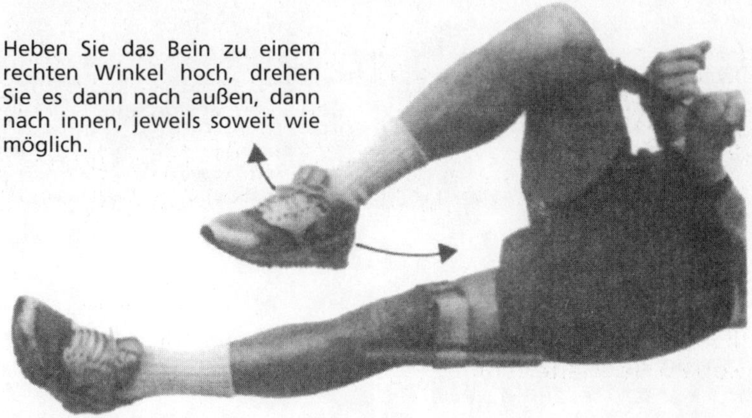

Übung 19

Stärkt Bein- und Hüftmuskulatur.

Übung 20

Stärkt die Muskulatur.

Übung 21 *(Beachten Sie zuerst die Warnung in bezug auf Rückenschmerzen – siehe Seite 126 f.!)*

Dehnt die Beinmuskulatur und den Hüftbereich.

Heben Sie abwechselnd die gestreckten Beine hoch, bleiben Sie aber mit der Hüfte auf dem Boden.

Beugen Sie sich nach vorne.

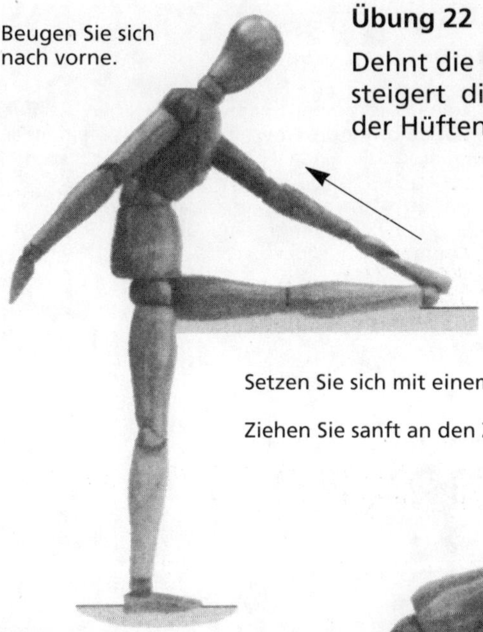

Übung 22

Dehnt die Beinmuskulatur, steigert die Bewegungsfreiheit der Hüften.

Setzen Sie sich mit einem Bein auf eine Tischkante.

Ziehen Sie sanft an den Zehen zum Körper hin.

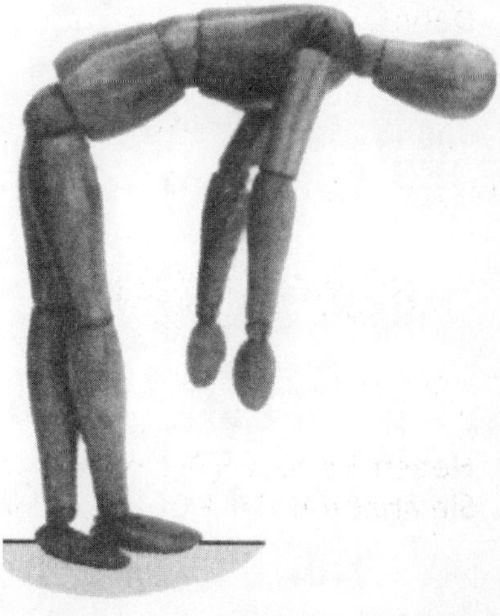

Übung 23

Dehnt die Kreuzgegend, Hüften und Beinmuskulatur.

Kreuzen Sie zuerst in aufrechter Stellung Ihre Beine, stellen Sie einen Fuß hinter den anderen.

Lassen Sie dann langsam Ihren Kopf und Ihre Arme nach vorne fallen.

Bewegen Sie Ihre Hände zum Becken, zum Bauch und zur Brust, während Sie in die aufrechte Stellung zurückkehren. Strecken Sie dann Ihre Arme hoch über den Kopf nach oben.

Übung 24

Stärkt die Beinmuskulatur.

- Setzen Sie sich auf einen Stuhl, legen Sie Ihre Hände unter die Oberschenkel, und bleiben Sie während der ganzen Übung auf ihnen sitzen.
- Legen Sie die Fußgelenke übereinander.
- Halten Sie beide Knie eng aneinander.
- Drücken Sie abwechselnd die Fußgelenke zusammen.

Übung 25

Stärkt Oberschenkel und Hüften.

Binden Sie einen Gürtel oberhalb der Knie um beide Oberschenkel.

Drücken Sie Ihre Kniegelenke gegen den Gürtel.

Übung 26

Stärkt die innere Oberschenkelmuskulatur.

Setzen Sie sich auf einen Stuhl, legen Sie die Hände zwischen den Knien zusammen, drücken Sie mit den Knien gegen Ihre Hände.

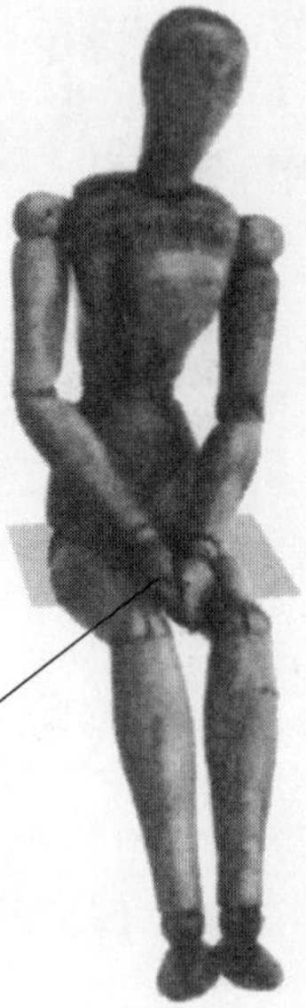

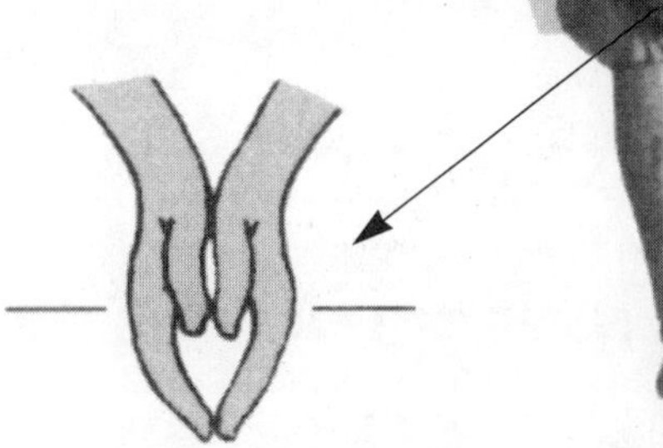

Übung 27

Stärkt die Oberschenkel.

Setzen Sie sich auf einen Stuhl, heben und senken Sie beide Beine abwechselnd; benutzen Sie dabei Knöchelgewichte (Gewichtsmanschetten).

Übung 28 *(Beachten Sie zuerst die Bemerkung über Rückenschmerzen – siehe Seite 126 f.!)*

Steigert die Bewegungsfreiheit der Hüften.

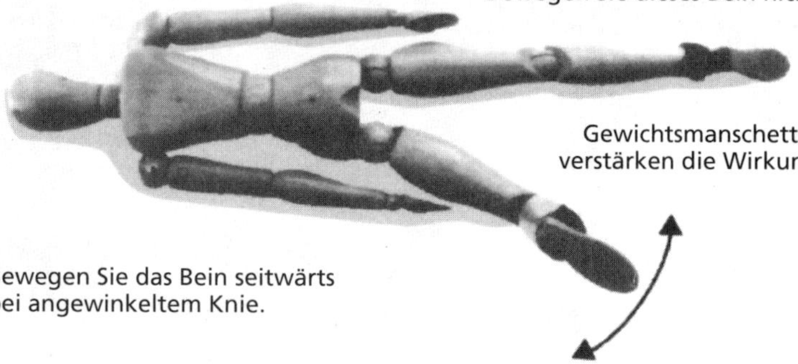

Übung 29

Stärkt die Beinmuskulatur.

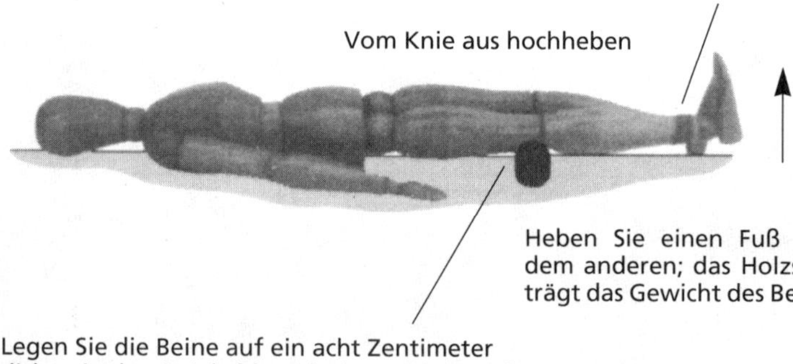

Übungen für meinen Nacken

Die Mentastics^{sm}-Bewegungen und die Trager®-Körperarbeit für Nacken, Schultern und Rücken halfen mir 1989, in diesen Bereichen entspannt und ohne Versteifung zu leben.

Trotzdem habe ich weiterhin die folgenden Übungen ausgeführt, die mir vor rund fünfunddreißig Jahren von einem Orthopäden empfohlen wurden, um meine Nackenschmerzen zu lindern.

a) Biegen Sie den Hals langsam nach vorne, dann nach hinten. Einige Fachleute sind der Meinung, daß diese Übung ungesund sei.

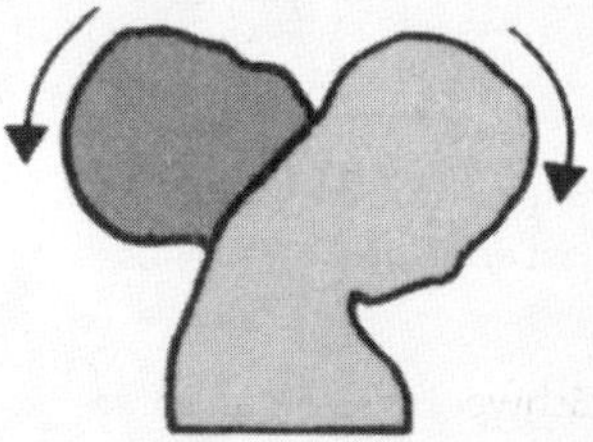

b) Biegen Sie den Hals langsam nach links und nach rechts, und versuchen Sie, den Kopf so weit wie möglich und ohne Anstrengung zu den Schultern zu bringen.

c) Drehen Sie Ihren Kopf sanft hin und her, wie wenn Sie nach links und nach rechts schauen und das Kinn jeweils über den Schultern steht.

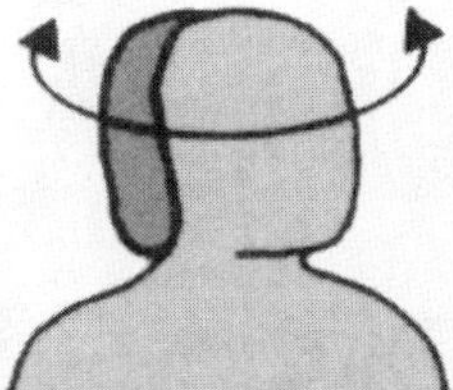

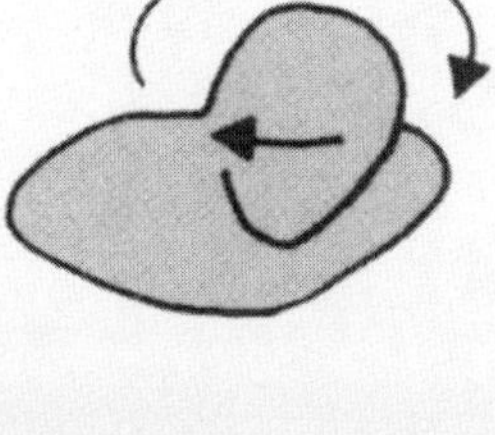

d) Kreisen Sie langsam mit Ihrem Kopf.

Übungen für meine Finger

Damit meine Finger beweglich und kräftig bleiben, führe ich die folgenden Übungen täglich auf dem Rücken liegend aus, vor allem, wenn ich die Übung 13 auf Seite 108 f. praktiziere.

Pressen Sie die Finger und die Daumen beider Hände fest aneinander.

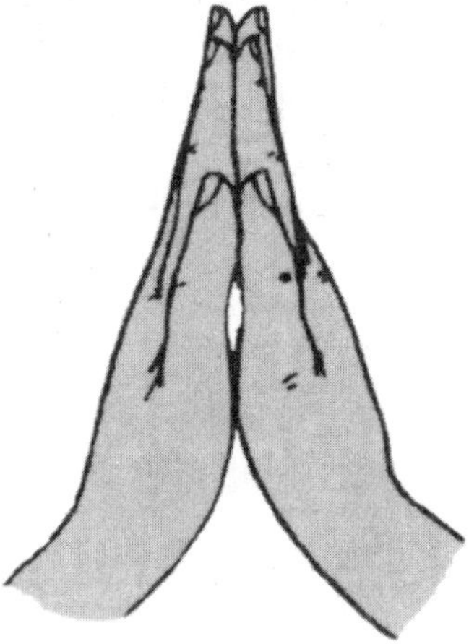

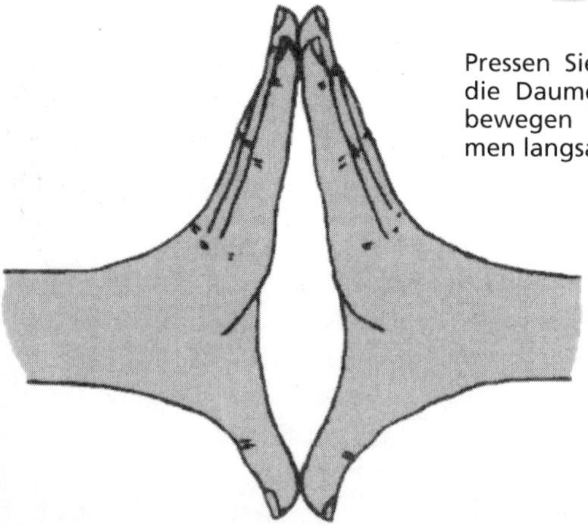

Pressen Sie Ihre Fingerspitzen und die Daumen fest aneinander, und bewegen Sie die Daumen zusammen langsam nach unten.

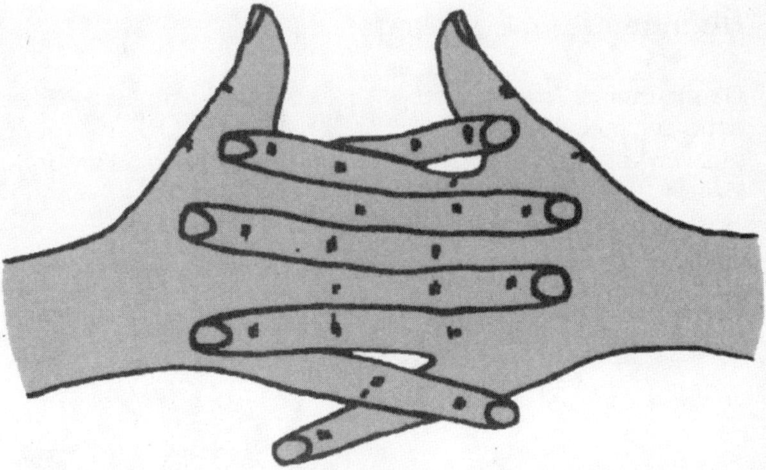

Falten Sie Ihre Hände wie abgebildet, und biegen Sie sie nach oben, die Finger drücken dabei auf die Handrücken.

Biegen Sie die Finger beider Hände abwechselnd nach hinten, wie abgebildet.

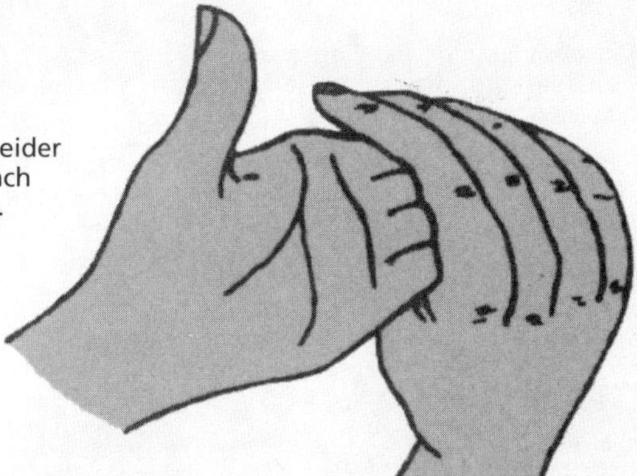

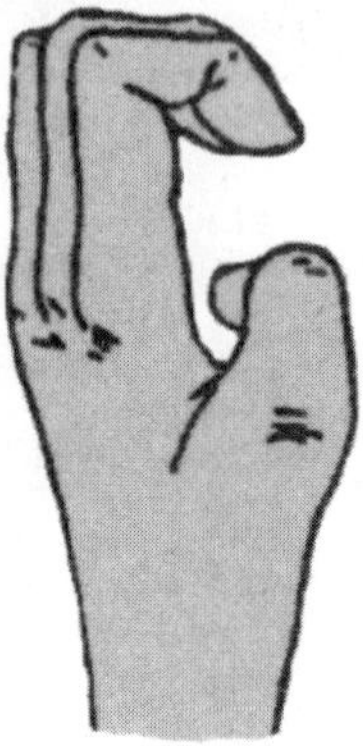

Biegen Sie Finger und Daumen vom mittleren Gelenk an. Dabei übe ich einen beträchtlichen Druck aus.

Strecken Sie dann Ihre Finger so weit wie möglich auseinander.

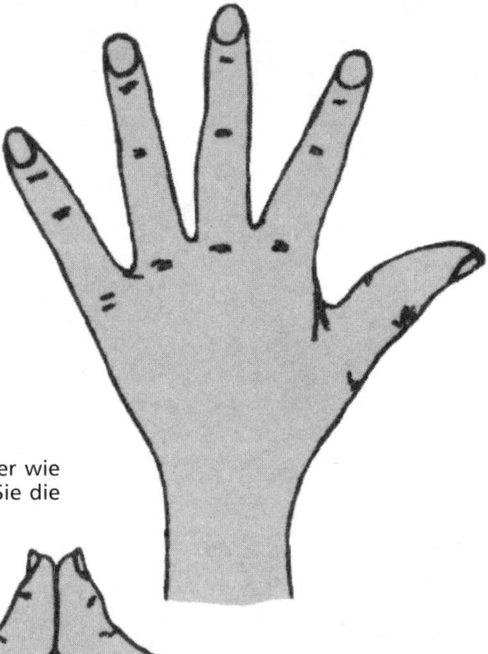

Verschränken Sie die Finger wie abgebildet, und drücken Sie die Daumen fest aneinander.

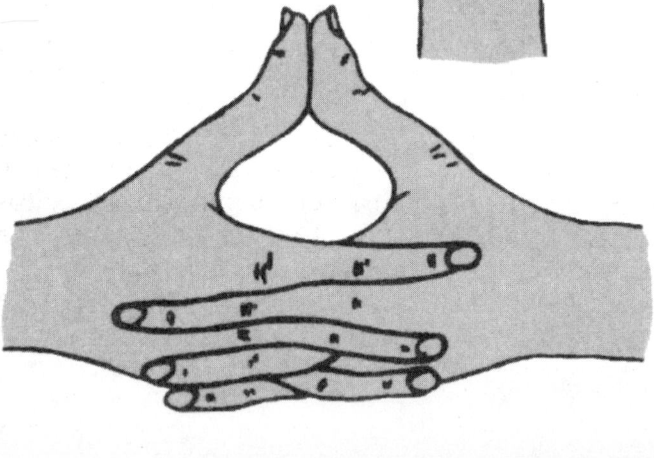

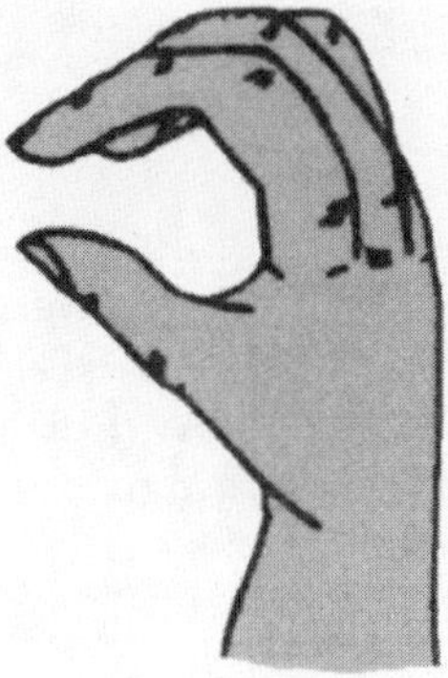

Bewegen Sie Finger und Daumen so, wie wenn Sie einen etwa fünf Zentimeter dicken Holzstab fest ergreifen wollten.

Halten Sie in dieser Stellung kurz aus, dann strecken und spreizen Sie Finger und Daumen weit auseinander und entspannen. Nun biegen Sie die Finger wieder zusammen; die Übung einige Male wiederholen.

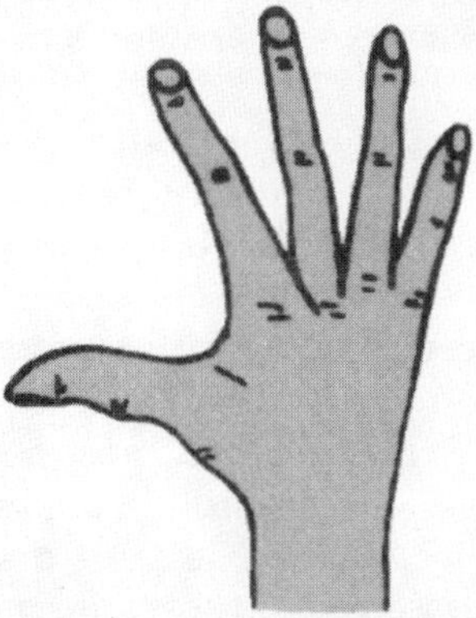

Ich stehe aufrecht mit beiden Füßen auf dem Boden, ähnlich wie auf Seite 80 gezeigt. Dann schüttle ich beide Hände so lange, bis ich spüre, daß die Finger kräftig durchblutet werden.

Nun tue ich so, als wollte ich spielerisch auf einer Gitarre klimpern, einmal mit der linken, dann mit der rechten Hand. Dann lasse ich beide Hände nach unten hängen und schüttle sie aus. Fragen Sie auch Ihren Trager®-Therapeuten, wie Sie Finger, Hände und Arme entspannen sollen.

Einige der vorhergehenden Fingerübungen sollten nahe der Brust ausgeführt werden, indem Sie die Hände so halten wie bei der indischen Begrüßung.

Ein Hinweis für alle, die unter Rückenschmerzen leiden

Ich selbst habe keine Rückenprobleme und konnte auch bei den in diesem Buch vorgestellten Übungen im allgemeinen keine negativen Auswirkungen auf meinen Rücken feststellen. Mir wurde aber geraten, eine entsprechende Warnung zu formulieren, um sicherzugehen, daß die Leserinnen und Leser sich dieses Problems bewußt werden:

> **Einige der Übungen in diesem Buch können sich für Menschen, die unter Rückenschmerzen[2] leiden, als ungeeignet erweisen!**

Die von dem Arthritis Centre empfohlene Übung 21 verursachte mir zeitweise Schmerzen in der Kreuzgegend. Diese verschwanden rasch, nachdem ich beim Entspannen meine Beine über eine Stuhllehne hängen ließ, wie auf Seite 34 abgebildet. In den letzten drei Jahren hatte ich mit dieser Übung keinerlei Probleme mehr.

Viel hängt von der persönlichen Fitneß ab, von der Geschmeidigkeit des Körpers, vom lockeren Üben, vom Belastungstraining und von der professionellen Betreuung.

Ein Physiotherapeut empfahl mir, täglich bis zu zehn Minuten auf dem Bauch zu liegen (siehe Seite 32). Andere warnten mich, daß diese Stellung die Rückenwölbung beeinflusse und erhebliche Rückenprobleme zur Folge haben könne. Sie müssen für sich selbst entscheiden – ich finde diese Stellung bequem und entspannend.

Ein Kissen unter meinem Bauch, oftmals empfohlen, um die Belastung des Rückens zu vermindern, verursacht bei mir Beschwerden in meiner linken Hüfte. Andererseits fühle ich mich wohl, wenn ich flach auf dem Bauch am Boden liege, die Arme seitlich ausgestreckt, die Schultern auf dem Boden und den Kopf seitwärts mit den Wangen auf dem Boden aufliegend.

Einige Übungen für die Hüften, wie zum Beispiel die Übungen 3, 21 und 28, können eventuell den Rücken belasten und sollten dann vermieden werden. Auch die Übung 2 kann je nach Beweglichkeit oder Versteifung gefährlich sein.

Eine bevorzugte sitzende Stellung, wie sie auf den Seiten 31, 64 und 76 gezeigt wird, widerspricht den allgemeinen Empfehlungen der auf Rückenleiden spezialisierten Ärzte, Chiropraktiker und Physiotherapeuten. Eine Rückenlage, mit einem Kissen unter den Knien zur Vermeidung von Rückenschmerzen, verursacht bei mir Beschwerden in der linken Hüfte.

Meine persönliche Meinung ist, daß niemand, auch Menschen mit gesundem Rücken, versuchen sollte, diese Stellungen einzunehmen oder die entsprechenden Übungen durchzuführen, ohne vorher fachlichen oder ärztlichen Rat eingeholt zu haben. Seien Sie vorsichtig und sich der Grenzen Ihres Körpers bewußt. Selbst bei professioneller Hilfe ist es wichtig, selbst zu wissen, was Sie erleichtert und was ihnen guttut: *was sich richtig und leicht anfühlt!*

In jedem Fall sollten alle Übungen sanft durchgeführt werden, um Überanstrengungen zu vermeiden. Sobald eine Bewegung oder eine Stellung weh tut, höre ich sofort damit auf.

13
Rückblick

Meine Erfahrungen und meine gegenwärtige körperliche Verfassung haben mir bewiesen, daß es möglich ist, selbst gegen Polyarthritis und Arthrose etwas zu tun.

Wirkungsvolle Heilmittel gibt es wohl, und vor allem die Ärzte verweisen darauf. Ich blicke vier Jahre zurück und frage mich, weshalb dann mein eigener Besserungsverlauf so schwierig war. Die meisten Menschen sind selbst heute noch nicht genügend über die Problematik der Arthrose und deren Behandlungsmöglichkeiten informiert.

Oft helfen einem medizinische Artikel in Tageszeitungen, Beiträge in Gesundheitszeitschriften oder ein persönlicher Erfahrungsbericht weiter. Der Laie aber, bei dem kein Mittel angeschlagen hat, weiß nicht, ob er solchen Empfehlungen folgen soll – vor allem, nachdem er vor der Selbsthilfe gewarnt wurde. Fachleute mögen oft zu beschäftigt sein, um solche Artikel und Beiträge zu lesen, oder – was noch näher liegt – sie halten solche Informationen für nicht wichtig genug, um sie weiterzuverfolgen.

Viele Menschen haben mir von ihren schlechten Erfahrungen berichtet: daß sie keine Hilfestellung bekamen, daß ihnen nur wenig Verständnis entgegengebracht wurde.

Vor ungefähr acht Jahren noch wurden meine Polyarthritis- und Arthrose-Symptome nicht ernsthaft zur Kenntnis genommen. Eine entsprechende Diagnose mit anschließender Frühbehandlung wäre zu jener Zeit sehr nützlich gewesen, nicht jedoch die entzündungshemmenden Medikamente, die mir damals als einzige therapeutische Möglichkeit verordnet wurden. Eine wirkungsvolle Behandlung erfordert weitaus mehr, nämlich Ruhepausen, Übungen, Diät, körperliche Belastungen und viele banale Dinge, die wir als selbstverständlich erachten.

Die persönliche Verantwortung

Im Jahr 1988 wurden in einer Fernsehsendung verschiedene Hilfsmittel präsentiert, die von Personen verwendet wurden, die unter Rückenbeschwerden litten. Interessant an dieser Sendung war, daß zum Beispiel in Norwegen die Verantwortung zur Verbesserung der eigenen körperlichen Verfassung weitaus mehr dem einzelnen übertragen wird als beispielsweise in meinem Land, in Kanada.

Anscheinend wird in Norwegen erwartet, daß die unter Rückenbeschwerden Leidenden sich auch selbst um Lösungen zur Linderung ihrer Schmerzen kümmern. Körperliche Fitneß ist eine persönliche Angelegenheit. Ich vermute, daß wir gesünder und die Kosten im Gesundheitswesen geringer sein könnten, wenn uns diese Verantwortung für unser Wohlbefinden bewußtgemacht und wenigstens zum Teil übertragen würde.

Ich habe festgestellt, daß es am klügsten ist, sich selbst über den Zustand des eigenen Körpers zu informieren und nicht auf Dritte angewiesen zu sein, die oft ihrem Terminkalender hinterherrennen und dann in kurzen Ordinationsminuten mühsam versuchen, sich an Ihre spezifischen Probleme zu erinnern, um Ihnen schließlich Ratschläge anzubieten, die Sie unter Umständen gar nicht akzeptieren können.

Als sich herausstellte, daß eine konservative Behandlung meiner Polyarthritis, Osteoarthritis und Arthrose mir nicht half, beherzigte ich den ärztlichen Rat und entschloß mich, *damit leben zu lernen*. Diese Einstellung erfordert große Eigeninitiative und Disziplin. Trotzdem glaube ich, daß Sie sich besser fühlen, wenn Sie selbst etwas für sich tun. Es ist zweifellos einfacher, jedesmal zum Arzt zu rennen, aber Sie werden sich daran gewöhnen, erst einmal selbst über Ihre Beschwerden nachzudenken.

Ich lernte, selbst über meine Gesundheit nachzudenken, und begann, meine Bedürfnisse zu verstehen und zu begreifen, welche Änderungen meines Lebensstils nötig waren, um meine Beschwerden zu überwinden.

Eine allgemeine Wissenslücke

Wer, meinen Sie, ist am ehesten qualifiziert zu wissen, wann sich Ihr Körper gut fühlt? Die inneren Körperfunktionen können durch Labortests, Gewichtskontrollen, Temperatur- und Blutdruckmessen und so weiter überprüft werden. Aber ist dies ausreichend? Haben Sie je über den Körper, in dem Sie leben, nachgedacht? Haben Sie sich je die folgenden Fragen gestellt:

- Weiß ich, wie ich richtig mit mir umgehen soll?
- Weiß ich, wie ich meine Körperfunktionen verbessern kann?
- Was tue ich wirklich für mich?
- Wen kenne ich, der mehr Interesse hat, mich gesund zu machen, als ich selbst?

Diese Fragen habe ich mir während der letzten vier Jahre immer wieder gestellt. Ich habe insistiert, ich habe nachgeforscht und weitere Fragen gestellt, aber die nachfolgende Aufstellung zeigt, daß ich auch viel Zeit vergeudet habe:

4 Monate	Joggingschuhe, Laufen und Üben
9 Monate	Diät
13 Monate	Anpassen der Sitzgelegenheit

15 Monate	orthopädische Obus-Forme®-Sitze und Rückenstützen
18 Monate	Schuheinlagen
21 Monate	Trager®-Körperarbeit und Mentastics℠-Bewegungen
43 Monate	Gehschuhe
44 Monate	Seatone®-Ernährungszusatz
45 Monate	Bewegungstraining für das Gehen

Alle diese Maßnahmen haben spürbare Verbesserungen meiner Gesundheit und meines Wohlbefindens ausgelöst. Ein Großteil dieser Informationen ist jedoch nicht allgemein bekannt. Die Krönung war für mich die Trager®-Körperarbeit, aber nur wenige Menschen kennen sie und wissen, wie sie sie zu ihrem Vorteil anwenden können.

Hoffen auf das Allheilmittel

Wie viele andere Menschen habe ich Monate damit verschwendet, Medikamente, Vitamine oder Nahrungsmittelzusätze auszuprobieren, um herauszufinden, was mir Linderung meiner Beschwerden oder Schmerzen und Steifheit verschafft. In unserer Gesellschaft sind wir zu sehr darauf festgelegt, zu denken, daß eine medikamentöse Behandlung ein Allheilmittel sei. Aktiv zu bleiben, dürfte ein weitaus besseres Rezept sein; eine gute Behandlung kommt nicht immer aus der Pillendose oder mit dem Messer eines Chirurgen.

Andererseits können Vitamine und Nahrungsmittelzusätze bei der Überwindung von Polyarthritis und Arthrose eine wichtige Rolle spielen. Es gibt auch Betroffene, die darauf schwören, daß die richtige Diät ausgiebige Mengen an Lebertran, Obstweinessig, reifen Kirschen und so weiter enthalten sollte. Ich glaube aber, daß die Verfechter einzelner

Diätmaßnahmen die Schlüsselrollen von ausgewogener Ernährung, Übungen, Aktivität und speziellen Körperbewegungen für ein besseres Wohlbefinden übersehen.

Der Hauptgewinn, wenn Sie sich selbst von Schmerzen befreien können, ist Ihre wachsende Beweglichkeit, die wiederum neue Schmerzen und Steifheit verhindert.

Aktivität, Bewegungsübungen, richtige Ernährung und praktische Hilfsmittel können aber erst dann ihre heilsame Wirkung voll entfalten, wenn Sie sich durch geeignete mentale Übungen wie Meditationstechniken eine gezielt positive Einstellung verschafft haben. Ihr Unterbewußtsein hilft dann Ihren Gelenken bei der Schmerzlinderung und Selbstheilung[20].

14
Meine Empfehlungen

Jim Hume, Kolumnist der *Victoria Times Colonist,* nannte Arthritis »das am besten gehütete Geheimnis«, obwohl dreieinhalb Millionen Kanadier darunter leiden. Je älter man wird, desto geringer ist die Chance, ihren verbreitetsten Varianten, der Polyarthritis und der Arthrose sowie Osteoarthritis, zu entkommen. Sogar Wale, die sich ständig im Wasser bewegen, leiden unter dieser Krankheit!

Als meine Beweglichkeit ständig abnahm, war mir nicht bewußt, was mit mir geschah. Seither begegne ich immer wieder Menschen, die erste Symptome dieser Krankheit an sich selbst nicht wahrnehmen und auch nicht zuordnen können.

Meine ersten Symptome waren Krämpfe, Steifheit und Müdigkeit beim Stehen und Gehen. Als vor rund zehn Jahren diese Anzeichen auftraten, gab es keine exakte Diagnose, keine eindeutige Behandlung. Und es war nicht allgemein bekannt und anerkannt, daß eine Genesung um so rascher und umfassender verläuft, je früher mit einer Behandlung begonnen wird.

Ich empfehle Ihnen:

1. Gehen Sie sofort zu Ihrem Arzt, wenn Sie
   - beim Aufstehen Schmerzen und Steifheit verspüren,
   - Schmerzen, Empfindlichkeit oder eine Schwellung in einem oder mehreren Gelenken feststellen,
   - andauernde Schmerzen oder Steifheit in den Muskeln verspüren.

2. Besprechen Sie auf jeden Fall den Umfang Ihrer eigenen Bemühungen, den Besuch eines Behandlungsinstituts und anderes mit Ihrem Arzt, sofern die Diagnose Polyarthritis, Osteoarthritis oder Arthrose lautet.

3. Versuchen Sie, aktiv zu bleiben, zu üben und spazierenzugehen. Entspannen Sie sich körperlich und geistig. Melden Sie sich zu Trager®-Körperarbeit und Mentastics℠-Übungen an, damit Sie sich gut fühlen.
   - Am Anfang wird es schwierig sein, dies durchzustehen, wenn Ihnen die Schmerzen auf den Fersen bleiben bei allem, was Sie tun.
   - Es heißt, daß es für ältere Menschen am schwierigsten ist, aktiv zu bleiben und nicht zu verzagen, wenn sich eine Besserung nicht sofort einstellt.
   - Gesundheitszeitschriften enthalten immer wieder nützliche Beiträge zum Thema Gehen und anderem.

4. Achten Sie auf Ihre Ernährung.
   - Gewisse Nahrungsmittel beeinträchtigen Ihr Verdauungssystem und können Beschwerden verursachen.
   - Die sollten Sie selbst herausfinden, um entsprechend zu reagieren.
   - Mir wurde auch gesagt, daß Ernährungsmaßnahmen keinen Einfluß auf Arthritis hätten – ich glaube es nicht! Für manche meiner Beschwerden konnte ich eine falsche Ernährung verantwortlich machen. Dr. med. F. McDuffie[18] hat eindeutig Nahrungsmittelvergiftungen als mögliche Ursache reaktiver Arthritis identifiziert.
   - Ich befolge jetzt eine gute, ausgewogene Ernährung, um der Wiederherstellung der Gelenke die bestmöglichen Nährstoffe zur Verfügung zu stellen. Das Geheimnis zur Überwindung von Osteoarthritis und Ar-

throse besteht darin, die Knorpelmasse schneller zu regenerieren, als sie geschädigt wird[4].

5. Überanstrengen Sie sich nicht, unternehmen Sie nicht zuviel, und bewegen oder tragen Sie nichts, was nicht besser mit Hilfe eines Einkaufrollers oder, noch besser, von jemand anderem getragen werden kann.

6. Finden Sie heraus, was Ihnen guttut. Das ist am wichtigsten!
   - Stellen Sie immer wieder Fragen! Sie sollten darauf auch Antworten erhalten. Wenn Sie keine befriedigenden Antworten erhalten, müssen Sie Ihre Informationen anderswo einholen. Es kostete mich Jahre, um herauszufinden, was für mich richtig war, und selbst heute sehe ich mich weiterhin nach Antworten und hilfreichen Ideen um.

15 Hilfsmittel

Easi-Kneeler-Kniehilfe (Kniebank) (Seite 74 und 154)

- reduziert die Überbeanspruchung der Knie,
- erleichtert das Niederknien und Aufstehen.

Der »Kniehocker«, der unserer Abbildung entspricht und in den deutschsprachigen Ländern am leichtesten erhältlich ist, findet sich im Katalog *»Interessante Hilfen im Alltag«* der Firma Thomashilfen, Bremervörde.

Übungsmatratze

- Sie können auch eine Decke auf einen Teppich legen.

Gehschuhe (Seite 50, 54 und 153)

- Polstern die Fersen und schützen Sie vor Erschütterungen beim Gehen.

Ich empfehle die von mir erprobten Nike-Air®-Schuhe, die überall zu erhalten sind.

Lederhalteriemen (Seite 111–115 und 137)

- Unterstützen die Entspannung der Beine beim Üben (siehe Abbildung auf Seite 137).

Schaumgummimatratze (Seite 66 f.)

- Probieren Sie aus, welche Schaumstoffmatratze Ihren Bedürfnissen am besten gerecht wird.

Transporthilfen (Seite 86 f.)

- Erlauben schwere, sperrige Gegenstände zu transportieren, ohne den Körper zu überanstrengen.

Beachten Sie die Abbildungen in diesem Buch, die Ihnen eine Orientierungshilfe für Ihren Einkauf geben.

Sitz- und Rückenstützen (Seite 64 f. und 145 ff.)

- Verleihen dem Gesäß und dem Rücken Halt, erleichtern das Sitzen in weichen Sesseln, im Auto, Flugzeug, Bus, in Restaurants, Kinos und so weiter.

Eine den von mir erprobten Obus-Forme®-Sitzhilfen entsprechende orthopädische Sitzschale findet sich auch im Angebot der Firma Thomashilfen.

Schuheinlagen (Seite 51 f. und 147 ff.)

- Helfen eine Zeitlang den Füßen und Beinen, normal zu stehen und zu gehen.

Empfehlenswert: nora® Supersorb und Orthosorb der Firma Freudenberg, D-69469 Weinheim.

Anhang

Anmerkungen und ergänzende Materialien

1. Dies ist eines der besseren Bücher über »Arthritis«, da es aber nur rheumatische Arthritis behandelt, enthält es nicht genügend Informationen für meine Osteoarthritis (genauer gesagt, Arthrose und nicht Arthritis): GWEN ELLERT: *Arthritis and Exercise*, A User's Guide to Fitness and Independence (Arthritis und Übungen – ein Führer zu Fitneß und Unabhängigkeit), Trelle Enterprises, Vancouver 1985.

2. HAMILTON HALL: *The Back Doctor*, Lifetime Relief for Your Aching Back (Der Rückendoktor – Anhaltende Hilfe für den schmerzenden Rücken), McClelland and Stewart-Bantam, Ltd., Toronto 1983.
   DONALD NORFOLK: *Endlich frei von Rückenschmerzen* – So werden Sie wieder beweglich und fit. Ariston Verlag, Genf/München 1991.

3. *Arthritis News* (Arthritis-Journal), Sommer 1986. Das offizielle Organ der Arthritis Society, Toronto, Ontario. Die Arthritis Society ist das einzige Institut in Kanada, das sich speziell der Suche nach den Ursachen und Heilmethoden von Arthritis verschrieben hat. Im Verlauf von mehr als vierzig Jahren war diese Gesellschaft die wichtigste Anlaufstelle für über dreieinhalb Millionen leidende Menschen in Kanada. Fragen Sie Ihren Arzt oder Therapeuten nach entsprechenden Institutionen, die in Ihrer Nähe erreichbar sind!

Vor vierzig Jahren wurden Arthritis-Patienten als früher oder später »fällige« Kandidaten für das Krankenhaus angesehen. Man wußte sehr wenig über Diagnose, Behandlung oder Kontrolle. Heutzutage reduzieren eine frühe Diagnose und wirkungsvollere Behandlungsmethoden die Notwendigkeit eines aufwendigen Krankenhausaufenthalts.

4. Ich freue mich, von Dr. GIFFORD-JONES die Erlaubnis erhalten zu haben, seinen Artikel *»Keeping the human body active reduces risk of osteoarthritis«* (Ein aktiver Körper vermindert die Gefahren der Osteoarthritis), *Globe and Mail*, Toronto, 31. Januar 1989, hier veröffentlichen zu dürfen. Zum erstenmal las ich darin, daß ein Arzt die Rückbildungsfähigkeit von Osteo- und Polyarthritis beziehungsweise Arthrose feststellt:
»Aristoteles hatte recht: Es gibt keine jungen Philosophen. Aber mit den Jahren werden wir von einem Hauch von Weisheit durchdrungen, das Älterwerden läßt viel zu wünschen übrig. Wie alte, rostige Autos beginnen unsere Körper auf heimtückische Art und Weise zusammenzubrechen. Osteoarthritis beziehungsweise Arthrose ist eine der hauptsächlichsten degenerativen Krankheiten. Die Ärzte haben sie immer einer übermäßigen körperlichen Abnutzung zugeschrieben. Die Forschung hat nun gezeigt, daß übertriebene Körperaktivität als Ursache dieser allgemeinen Gelenkerkrankung ein Mythos ist und daß es einen Weg zur Besserung gibt.
Osteoarthritis und Arthrose lassen sich bis zu den ersten schriftlichen Aufzeichnungen zurückverfolgen. Vögel und Reptilien zeigen Anzeigen davon, und in Dinosaurierskeletten sind Hinweise dafür gefunden worden. Selbst Wale, unterstützt durch die tragende Kraft des Wassers, gehören zu den Betroffenen.

Wenn Sie lange genug leben, wird es schwierig sein, der Osteoarthritis und Arthrose zu entgehen. Dr. PATRICK ROONEY, ein Rheumatologe an der McMaster-Universität in Hamilton, sagt, daß bei Röntgenuntersuchungen achtzig Prozent aller über Fünfzigjährigen Anzeigen für Polyarthritis zeigten. Es sind mehr junge Männer als Frauen davon betroffen, aber Frauen leiden eher unter schwerer Osteoarthritis.

Poly- und Osteoarthritis sowie Arthrose entstehen in der die Knochengelenke schützenden Knorpelmasse. Knorpel besteht aus fünfundsiebzig Prozent Wasser und gleicht einem Schwamm, mit einem wichtigen Unterschied – es erfordert einen ungeheuren Druck, um dieses Wasser herauszupressen. Nach einem ganzen Tag auf den Füßen sind wir rund zwei Zentimeter kleiner.

Dr. JOHN BLAND, der in der klinisch-immunologischen Abteilung der Universität von Vermont arbeitet, schreibt im *Executive Health Report*, daß ein richtig funktionierendes Gelenk sich nicht abnutze. Es sei, so sagt er, ganz einfach zu leistungsfähig.

Dr. Bland weist darauf hin, daß die Schmierung eines Schweinegelenks viermal effizienter ist als die Schmierung eines Düsentriebwerks. Er sagt auch, daß die Reibung zwischen knorpelüberzogenen Oberflächen in einem Gelenk gleich ist wie bei zwei Eiswürfeln. Aber was geschieht nun, wenn unsere Gelenke an Arthritis erkranken? Arthritis wurde nie bei Haien festgestellt, berichtet Dr. Bland, weil ihr Skelett zu hundert Prozent aus Knorpel besteht. Als aber andere Tiere und der Mensch Knochen und Knochengelenke entwickelten, ließ die Natur ein System zur Erhaltung dieser Strukturen entstehen.

Knorpelzellen sind die Hauptbeteiligten. Diese Zellen produzieren Knorpelmasse, aber sie stellen auch Enzyme her, die die Knorpelmasse angreifen. Knorpelmasse wird daher wie die Knochen ständig abgebaut und wieder er-

neuert und bei körperlicher Überbeanspruchung auch umgeformt. Gelenke können schwach werden, wenn sich Knorpelzellen auflösen.
Laut Dr. Bland können endokrine, biochemische und kreislaufbedingte Faktoren die Knorpelzellen außer Kontrolle geraten lassen. Er weist auch darauf hin, daß Überbeanspruchung, Verletzung oder Diabetes die auslösenden Ursachen für Gelenkentzündungen sein könnten.
Diese Faktoren veranlassen die Knorpelzellen zu wuchern. Dies erhöht im Gegenzug die Anzahl Enzyme, die die Knorpelmasse zerstören. Wenn einmal die Zerstörung der Knorpelmasse größer ist als deren Wiederherstellung, dann entwickelt sich bei den betreffenden Menschen Osteoarthritis beziehungsweise Arthrose. Aber Dr. Bland sagt, daß Osteoarthritis und Arthrose sich nicht immer nur verschlimmern müssen. Wir sollten die Behauptung vergessen, daß die Knorpelmasse nicht in der Lage sei, sich selbst zu erneuern.
Wie können Patienten im Frühstadium von Poly- und Osteoarthritis sowie Arthrose ihre Gelenke verjüngen? Dr. Bland erteilt jenen, die unter Arthritis leiden, den gleichen Rat wie jenen, die unter sexuellen Problemen leiden: Wenn Sie es nicht tun, dann vertun Sie es! Der Schlüssel ist die richtige Kombination von Ruhe, Üben und Belastung. Übung, so betont er, ist der ›Pumpmechanismus‹, der die Nährstoffe in die Gelenke bringt und so die Knorpelzellen mit den zur Wiederherstellung der Gelenke nötigen Mitteln versorgt.
Durch das Üben zeigten sich bei einem fünfundachtzigjährigen Patienten deutlich weniger arthritische Veränderungen in den Hüften. Diese Besserung verlief kontinuierlich und wurde durch Röntgenaufnahmen bestätigt, bis der Patient mit fünfundneunzig starb.
Dr. Bland gibt zu, daß die medizinische Behandlung eine

Rolle spielt. Schließlich ist es schwierig, zu üben, wenn man Schmerzen hat. Aber ihre Zuhilfenahme sollte nur rund zehn bis fünfzehn Prozent der Gesamtbehandlung ausmachen.
Nach Meinung von Dr. Bland und anderen Ärzten ist *Aspirin* (Azetylsalizylsäure, kurz ›Ass‹) noch immer ein Wundermittel. Anders als die neueren entzündungshemmenden Medikamente existiert Aspirin seit über zweitausend Jahren, und es steht noch immer an der Spitze der entzündungshemmenden und schmerzlindernden Mittel, obwohl vor allem magenempfindliche Patienten sich vor Nebenwirkungen hüten müssen (die sich beim Wirkstoff Paracetamol nicht ergeben).
Ich glaube, Dr. Bland sieht es richtig. Es ist wichtig, den Körper gut zu versorgen und aktiv zu halten. Binden Sie ein Schiff fest, so setzt es Rost an, und Muscheln hängen sich an seinen Rumpf. Je länger sie es dort lassen, desto schwieriger wird es sein, es von Rost und anderem zu befreien.«

5. Der als *Seatone*® angebotene Nahrungsmittelzusatz wurde erfolgreich in Nordamerika und anderen Ländern der Welt verwendet, um Gelenkschmerzen und Steifheit zu reduzieren und Muskelverletzungen bei Sportlern und anderen körperlich aktiven Menschen zu heilen. In deutschsprachigen Ländern gibt es in Reformhäusern ein adäquates Produkt: *Muschelkraft*: Muschelextrakt der neuseeländischen Muschel *Perna canaliculus* in Tablettenform. Nehmen Sie es jedoch nicht ein, wenn Sie unter einer Fisch(eiweiß)allergie leiden. Ersatzweise gibt es in Apotheken verschiedene Gelatinepräparate. Ich selbst hatte mit Nahrungsmittelzusätzen in früheren Jahren keinen Erfolg, aber man glaubte im Zentrum, daß dieses Produkt, verbunden mit meinen Übungen, meiner Diät und dem umfassenden Trager®-Programm, mir helfen

könnte, meine angeschlagene linke Hüfte wiederherzustellen.
Im April 1989 begann ich dann mit der Einnahme von Seatone®. Im Juni war meine linke Hüfte spürbar geschmeidiger, und ich konnte problemlos Hügel bewältigen, wo ich früher gezwungen war, rückwärts hinaufzugehen. Bei einer Trager®-Sitzung im Juli bewegte sich die rechte Hüfte während der Übungen mit dem Therapeuten recht geschmeidig, und die Bewegungsfreiheit der linken Hüfte war wesentlich verbessert.
Seatone® wie auch *Muschelkraft* sind, wie gesagt, Extrakte der eßbaren grünen Muschel Perna canaliculus, die in den unverschmutzten Gewässern Neuseelands kultiviert wird. Über dieses Produkt werden bereits zahlreiche wissenschaftliche Arbeiten veröffentlicht.
Seatone® ist reich an Mukopolysacchariden (MPS), also an Schleimstoffen, die als der »Leim des Lebens« beschrieben werden und die für den strukturellen Zusammenhalt des Körpers lebenswichtig sind. Wenn wir älter werden, nimmt die Leistungsfähigkeit der MPS ab. Seatone® enthält auch große Mengen an Superoxiddismutase (SOD), ein wirksames Antioxidans und ein Enzym, das freie Radikale vernichtet und daher als wichtiger Bestandteil eines sinnvollen Heilprozesses gilt.
Die McFarlane Laboratories New Zealand Ltd. stellen *Seatone*® her, das in Kanada, den Vereinigten Staaten von Amerika und in anderen Ländern der Welt auf dem Markt ist. Deren wissenschaftlicher Berater, Mr. J. E. Croft, hat folgendes Buch verfaßt: *Relief from Arthritis: The Natural Way*. A Safe and Effective Treatment from the Ocean (Hilfe bei Arthritis auf natürlichem Weg – Ein sicheres und wirksames Heilmittel aus dem Meer), ISBN 0-7225-1371-1.
Das Buch enthält Informationen über: das Meer, die Krankheit, Muschelextraktbehandlung, die wissenschaft-

liche Beurteilung des neuseeländischen Grünlippenmuschelextrakts und die Resultate, die Meinung der Verbraucher – und was die Zukunft bringt.
Aufgrund meiner Erfahrungen mit Polyarthritis und Arthrose glaube ich, daß eine wirkungsvolle Nahrungsmittelergänzung, verbunden mit richtiger Ernährung, vernünftigen Übungen und dem Willen, sich weder körperlich noch psychisch zu übernehmen, eine erfolgreiche Kombination sein kann.

6. *Obus Forme® Ltd.* ist der Hersteller der orthopädischen Sitz und Rückenstützhilfen und anderer Gesundheitsprodukte. Seit 1980 wurden Tausende von Sitz- und Rückenstützen in die ganze Welt verschickt.
   Frank Roberts, der Präsident von Obus Forme, ehemals selbst gepeinigt von Rückenschmerzen, entwickelte die unkonventionelle Rückenstütze während der späten siebziger Jahre.
   Weitere Produkte, die für Menschen mit Polyarthritis oder Arthrose von Interesse sein könnten, sind *Obus Forme® Plus*, eine heizbare Rückenstütze, sowie mehrfach verwendbare Heiß- und Kaltkompressen.
   Entsprechendes finden Sie bei: Thomashilfen, Walkmühlenstraße 1, D-27432 Bremervörde, Telefon (04761) 5087, Fax 5599. Die folgenden Informationen stammen von Obus Forme® Ltd., 1386 Eglinton W., Toronto, Ont., M6C 2E4, Canada.

   Was kann der Sitz bewirken?
   Seine Umrisse unterstützen hervorragend das Gesäß und gewähren so die nötige therapeutische Entlastung des Sitzdrucks.

Wie reduziert der Sitz meine Beschwerden?
Er verteilt das Gewicht des Oberkörpers über die gesamte Gesäßfläche rund um die Sitzbeinhöcker. Er zwingt den Oberkörper, auf dem Gesäß zu sitzen, und vermindert die Überanstrengung des Rückgrats durch das Sitzen.
Bis heute verleiht mir der Sitz volle Bequemlichkeit beim Sitzen. Hier einige der von *Obus Forme* zusammengestellten Gründe:

- Kissen und konventionelle Sitzgelegenheiten lassen den Sitzbeinhöcker in die weiche Sitzfläche hineinsinken. Der harte, aber geschmeidige Sitz besitzt eine höherliegende Oberfläche, die es dem Gesäß erlaubt, entspannt zu ruhen, und die schiefwinkligen Vertiefungen reduzieren störende Druckbelastungen auf das Becken.
- Die äußeren Knochenspitzen der Hüften können sehr schmerzhaft reagieren, wenn sie für längere Zeit unter, wenn auch nur leichtem, Druck stehen. Die speziell geformten Seiten des Sitzes nehmen diesen von unten und seitlich auftretenden Druck auf.
- Der Gesäßausschnitt reduziert den Druck auf gefährdete Bandscheiben und abgenutzte Gelenkstellen in der Lendenwirbelsäule.
- Der erhöhte Knauf trennt die Beine voneinander und reduziert so das Auftreten von Beinkrämpfen.
- Ein konkaver Hohlraum unter den Oberschenkeln verhindert den Druck, der eine Ermüdung der Muskulatur, mangelhafte Blutzirkulation, möglicherweise eingeklemmte Nerven und dadurch geschwollene Knöchel und Füße verursacht.
- Die verstellbare Sitztiefe (Ausziehteil) erlaubt eine korrekte Unterstützung und einen vernünftigen Spielraum für die Knie, unabhängig von Ihrer Größe und Statur. Sie garantiert eine ausgezeichnete Unterstüt-

zung der gesamten Wirbelsäule und fördert die uneingeschränkte Blutzirkulation.

7. Bei den *Schuheinlagen* handelt es sich um biomechanische Hilfsmittel. Für mich wurden sie von einem Labor in Toronto hergestellt, anhand von Fußabdrücken, die mein Chiropraktiker abgenommen hat.
Diese halfen mir während mehreren Jahren, aber seit 1989 trage ich sie nicht mehr. Ich möchte aber nicht auf diesen Hinweis verzichten, denn sie trugen früher wesentlich zu meinem Wohlbefinden bei, und ich weiß, daß anderen ebenfalls geholfen wurde.
Die Firme Freudenberg, D-69469 Weinheim, Telefon (06201) 805486, Fax 804683, stellt die Schockabsorber *nora®Supersorb* und *Orthosorb* her, die eine viskoelastische Auftrittsdämpfung bewirken.
Passende Schuheinlagen als Korrektureinlagen muß Ihnen Ihr Orthopäde verordnen und anpassen.
Die folgenden Ausführungen zur Rolle Ihrer Füße beim Gehen und zu den Gründen, Einlagen zu tragen, stammen mit freundlicher Genehmigung von der Orthoic Group, Inc., Toronto.
Ihre Füße tragen Ihr ganzes Gewicht. Die kleinste Mißbildung Ihrer Muskulatur und Ihres Skeletts kann viele unterschiedliche Probleme verursachen, wie lokale Fußschmerzen, entzündete Fußballen, Hammerzehen, Schmerzen im Fußgewölbe und in den Fersen, Bein- und Knieschmerzen, Hüft- oder Rückenschmerzen[4], sogar Nackenschmerzen. Mir wurden Einlagen verschrieben, um Hüftschmerzen und Gehschwierigkeiten zu überwinden.

Was sind Einlagen auf Rezept?
Einlagen auf Rezept sind medizinische Hilfsmittel, die einzeln angefertigt werden und anomale Fuß- und Bein-

funktionen korrigieren. Sie werden aufgrund der Diagnose Ihres spezifischen Ungleichgewichts des Fußes hergestellt.
Einlagen wirken in der gleichen Art auf Füße wie Zahnklammern auf die Zähne – durch beständigen, sanften Druck bringen sie die Muskulatur und die Knochen der Füße in die korrekte Ausrichtung.
Sie passen bequem in die Schuhe und sind normalerweise aus geschmeidigem, geformtem Thermoplast und immer anhand Ihres Fußabdrucks hergestellt.

Wie helfen Einlagen?
Die Füße sind das Fundament des ganzen Körpers und leisten tagtäglich eine unglaubliche Arbeit. Das geringste Ungleichgewicht kann größere Beschwerden hervorrufen, aber gut eingepaßte Einlagen helfen, das Gleichgewicht und eine richtige Körperhaltung zurückzuerlangen, was Ermüdung und Schmerzen zum Verschwinden bringt. Einlagen sind bequem und helfen Ihren Füßen auf eine natürliche Weise, daß Sie sie sooft wie möglich tragen möchten.

Das Tragen von Einlagen
In Ihren Schuhen ruhen Ihre Füße bequem auf den Einlagen. Ihre Füße werden sanft und beständig in die richtige Funktionshaltung für das Gehen, Laufen und Stehen gebracht. Druckpunkte, falsche Drehbewegungen der Füße, schmerzhafte Muskelüberanstrengungen und anomale Belastungen der Beine, Hüften und der Wirbelsäule werden eliminiert, da die Einlagen Ihre Füße befähigen, richtig zu funktionieren.

8. Die *Trager®-Körperarbeit* zur psychophysischen Integration und die *Mentastics^{sm}-Bewegungsschule* sind Entdeckungen von Dr. med Milton Trager. Grundlegend ist

sein Buch: Milton Trager: *Meditation und Bewegung*. Trager Mentastics. Unter Mitarbeit von Cathy Guadagno-Hammond. Sphinx Verlag 1991.
Er stellte fest, daß Menschen, deren Glieder und Rücken durch Kinderlähmung beeinträchtigt sind oder die unter Schmerzen leiden, die durch andere Probleme verursacht wurden, positiv auf Handauflegen, verbunden mit leichtem Rütteln, Dehnen und Schütteln einzelner Körperteile des Patienten, reagieren und daß diese Personen durch Anwendung der Mentastics^{sm}-Bewegungen solche positiven Resultate in eigener Regie aufrechterhalten können.
Dr. Trager war rund fünfzig Jahre lang ein erfolgreicher Therapeut, bevor er es wagte, andere seine Methode zu lehren; und im Lauf der Zeit konnte er ein hervorragend ausgearbeitetes Verfahren anbieten. Die Bewegungen der Trager®-Körperarbeit sind geistig gesteuert – in Dr. Tragers Worten:
»Meine Arbeit ist darauf ausgerichtet, das Unterbewußtsein des Patienten zu erreichen. Jede Bewegung, jeder Gedanke vermittelt ihm die Art und Weise, wie die Glieder sich anfühlen, wenn alles richtig ist.
Ich bin überzeugt, daß es für jede angeblich nicht behandelbare krankhafte körperliche Verfassung einen geistigen Gegenpunkt im Unterbewußtsein gibt, exakt dem Grad der körperlichen Symptome entsprechend.
Trager®-Körperarbeit besteht darin, mit Hilfe der Hände die tiefsitzenden Blockaden im Unterbewußtsein zu beeinflussen und ihre Wirkung auf den Körper zu unterbrechen. Der Zweck meiner Arbeit ist, die geistigen Hemmnisse zu beseitigen, die das freie Bewegen behindern und Schmerzen und Beeinträchtigungen der normalen Funktion verursachen.
Die Methode zielt darauf ab, den Patienten beizubringen, wie es ist, sich richtig zu fühlen im Sinn einer funktionstüchtigen Körper-Geist-Ganzheit. Da die beeinträchti-

genden Faktoren geistig beeinflußt werden, kann der Patient langandauernden Nutzen erfahren. Das Resultat ist eine allgemeine funktionale Verbesserung.«
Im Jahr 1975 demonstrierte Dr. Trager im kalifornischen Esalen Institut seine innovative Methode der Körperarbeit und Bewegungslehre und erweckte damit großes öffentliches Interesse. Es folgten Seminare, ein Institut wurde gegründet, und es entstand ein umfassendes Trainingsprogramm. Heute gibt es weit über tausend anerkannte Sachverständige, Therapeuten und Schüler in vielen Ländern.
Weitere Informationen erhalten Sie in

Deutschland:
Siegrit Salkowitz
Clemensstraße 49
D-80803 München
Tel. (089) 33 14 84

Österreich:
Mirianne Schiman
Hauptstraße 271
A-2384 Breitenfurt
Tel. (02239) 41 17

Schweiz:
Trager-Schule Schweiz
Monika Amman-Sutter
Weinbergstraße 55
CH-8802 Kilchberg
Tel. (01) 715 56 23

oder in den USA beim
Trager Institute
10 Old Mill Street
Mill Valley, CA 94941, USA
Tel. (415) 388 26 88

9. Ich hatte das Glück, mit einem *Hellerwork*-Therapeuten über »Bewegungsschulung« zu sprechen, als ich den Wunsch verspürte, eine neue Methode für das Problem mit meiner linken Hüfte zu entwickeln.
Ich habe persönlich nicht das gesamte Hellerwork-Körperarbeit- und Bewegungsprogramm absolviert, aber was ich davon sah, vor allem in bezug auf die Körperhaltung beim Stehen und beim Gehen, beeindruckte mich, und zusätzlich erhielt ich wertvolle Informationen.
Weitere Informationen über Hellerwork erhalten Sie bei:
The Body of Knowledge, Inc.
Hellerwork
147, Lomita, Suite H
Mill Valley, CA 94941, USA

10. Ich traf Dr. med. Zoltan Rona, den damaligen Präsidenten der Canadian Holistic Medical Association, anläßlich der zehnten Jahresversammlung der Consumers Health Organization von Manitoba, am 8. April 1989 in Winnipeg. Er war Gastreferent, und ich war eingeladen, einen Workshop über Osteoarthritis zu leiten.
Dr. Rona sprach über »Ernährungsbewertung und Therapie« in bezug auf die Alzheimer-Krankheit, Osteoporose, multiple Sklerose und Arthritis.

11. Als Präsident des Victoria Chapter of the International Association of Cancer Victors and Friends leitete ich am 14. Juni 1989 eine Versammlung, bei der Dr. med. phil.

ABRAM HOFFER über »Fortschritte in der Verhütung und Behandlung von Krebs« sprach.
Über vierhundert Teilnehmer füllten das Newcomb Theatre in Victoria, um Neues über den Gebrauch von Vitamin C, Niacin (Nikotinsäure, Vitamin PP) und andere Vitamine und Mineralstoffe in der Krebsbehandlung zu erfahren. Es war meine erste Gelegenheit, über dieses Thema mit einem Arzt zu diskutieren. Dr. HOFFER und der mehrfache Nobelpreisträger Prof. Dr. LINUS PAULING schreiben gegenwärtig an einem Buch über dieses Thema. Wichtiger Buchhinweis: Dr. med. MICHAEL WIEDEMANN: *Der Gesundheit auf der Spur – die Mikro-Nährstoffe der Orthomolekularmedizin*. Ariston Verlag, Genf/München 1990. Das Buch wird eingeleitet von Professor LINUS PAULING.
Ich habe diesen Hinweis hier aufgenommen, weil Osteoarthritis und Arthrose ebenfalls degenerative Krankheiten sind. Sie sind nicht so gefürchtet wie Krebs, aber ebenfalls weltweit verbreitet.

12. *Walk-On* – A Tool Kit for Building Your Own Walking Fitness Program (Besser gehen – Ein Werkzeug für den Aufbau Ihres eigenen Geh- und Laufprogramms) von STEPHEN KIESLING, Senior Editor, American Health Magazine, und E. C. FREDERICK, M. D., Nike Sports Research Laboratory, erschienen bei Rodale Press Inc., Copyright © 1986 by Nike, Inc. Public Information Office, 3900 SW Murray Blvd, Beaverton, OR 97005, USA.

13. *Gehschuh*

Laufschuh

Aus »*Walk-On*«[12], mit freundlicher Genehmigung der Nike, Inc.

14. Kirchenbank-Abmessungen

x = ca. 45 cm
y = ca. 40 cm
z = ca. 15 cm

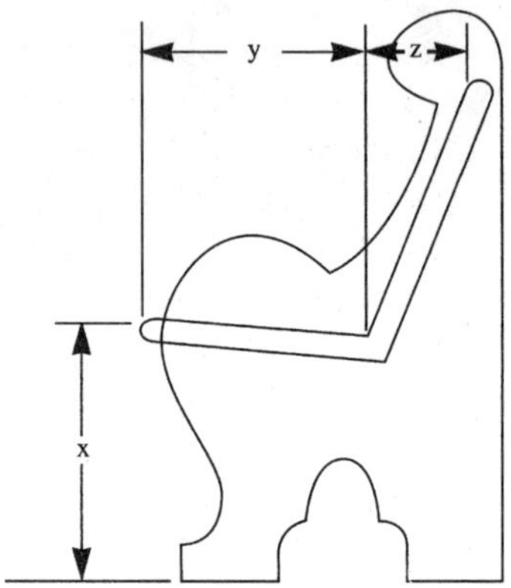

15. Der *Corrie Easi-Kneeler-Stool* (eine Art Kniebank) ist eine vielseitige Knie- und Sitzhilfe und als »Kniehocker« bei Thomashilfen erhältlich.

16. Der *Vileda Twist Mop* umfaßt Eimer, Wringvorrichtung und Schrubber und erleichtert das Putzen von Böden, ohne sich zu beugen. Er ist im Haushaltswarenhandel erhältlich.

17. Milton Trager mit Cathy Guadagno Hammond: *Meditation und Bewegung – Trager Mentastics.* Sphinx Verlag, Basel 1991 (siehe Anmerkung 8).
Der Band enthält Material aus den Workshops, ausgestattet mit über hundert Photographien von Dr. Trager und anderen Praktizierenden bei der Durchführung von Mentastics[sm]-Bewegung.

18. Dr. Frederic McDuffie, M. D.
Medical Director, Arthritis Foundation
1314 Spring St. N. W.
Alanta, GA 30309, USA

19. Als 1976 MARGERY MANN Präsidentin des Ottawa Senior Citizens Coucil wurde, war sie verärgert, als sie mit keinem Witz den Rentnern ein Lachen entlocken konnte. Sie alle schienen tiefernst und humorlos zu sein. Einige Jahre später begann sie, hunderte Witze zu sammeln in der Absicht, bei ihren Referaten vor Gruppen die Menschen zum Lachen zu bringen. Und Margery berichtete: »Glauben Sie mir, alte Menschen können lachen. Man braucht sie nur zu ermutigen!«
Sie gründete eine Gruppe, die sich *Laughing Does Matter Consultants* nennt und mittlerweile vier Witzbroschüren herausgegeben, bei Seniorenversammlungen für Humor und Lachen geworben, in einem Altersheim einen Humor- und Gelächterraum eingerichtet und viele Vorträge in ganz Kanada gehalten hat.
Später verwendete ich selbst Margerys Methode bei Versammlungen, indem ich Witze erzählte und auf humoristische Ereignisse einging. Wenn man damit richtig umgeht, ist die Belohnung großartig! Lächelnde Gesichter, strahlende Augen, gerötete Wangen im Publikum und – ob Sie es glauben oder nicht – weniger Schmerzen sind der Lohn.
Viele der Versammlungen, denen ich in der Vergangenheit beigewohnt habe, hätten mindestens ein Drittel ihres Programms dem Humor widmen sollen – wir hätten uns dann besser gefühlt und mehr Erfolg gehabt.

In diesem Zusammenhang zwei wichtige Buchempfehlungen:
Dr. BRANKO BOKUN: *Wer lacht, lebt länger* – Von der Heilkraft des Humors. Ariston Verlag, Genf/München 1988.

Ester Blumenfeld und Lynne Alpern: *Wer lacht, gewinnt!* Freundlichkeit lohnt sich. Ariston Verlag, Genf/München 1992.

20. Donald Norfolk: *Denken Sie sich gesund!* Sieben Schritte neuen Denkens, die Ihre Vitalität steigern. Ariston Verlag, Genf/München 1991.

Register